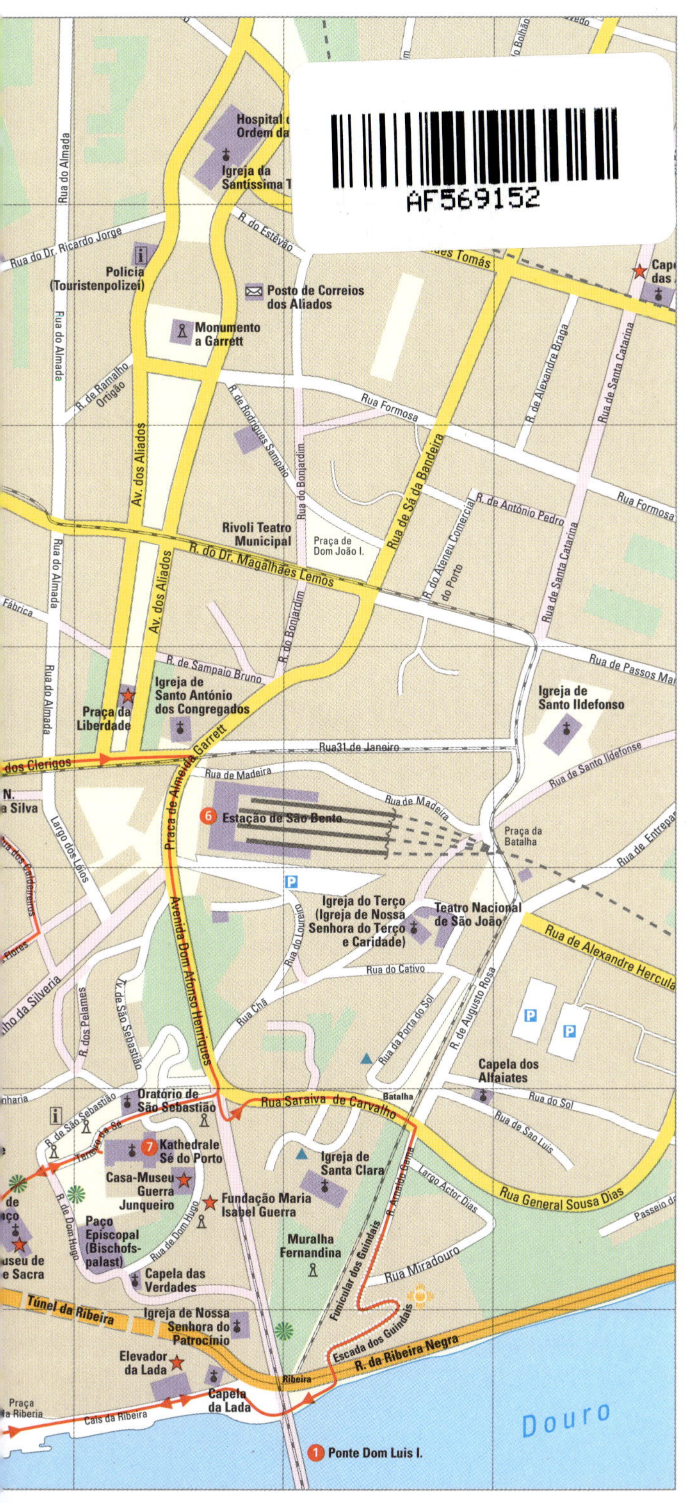

Hospital
Ordem da
Igreja da
Santíssima T
Rua do Almada
R. do Estêvão
Rua do Dr. Ricardo Jorge
Policia
(Touristenpolizei)
Posto de Correios
dos Aliados
Monumento
a Garrett
R. de Ramalho
Ortigão
R. de Rodrigues Sampaio
Rua Formosa
Rua de Sá da Bandeira
R. de Alexandre Braga
Rua de Santa Catarina
Av. dos Aliados
Rua do Bonjardim
R. de António Pedro
Rivoli Teatro
Municipal
Praça de
Dom João I.
R. do Dr. Magalhães Lemos
R. do Ateneu Comercial
do Porto
Fábrica
R. do Bonjardim
R. de Sampaio Bruno
Rua de Passos Ma
Igreja de
Santo António
dos Congregados
Praça da
Liberdade
Igreja de
Santo Ildefonso
dos Clérigos
Praça de Almeida Garrett
Rua31 de Janeiro
Rua de Madeira
Rua de Santo Ildefonse
Estação de São Bento
Largo dos Lóios
Praça da
Batalha
Rua de Entrepa
Igreja do Terço
(Igreja de Nossa
Senhora do Terço
e Caridade)
Teatro Nacional
de São João
Rua de Alexandre Hercula
Avenida Dom Afonso Henriques
Rua do Loureiro
Rua do Cativo
Rua Chã
R. dos Pelames
R. de São Sebastião
Rua da Porta do Sol
R. de Augusto Rosa
Capela dos
Alfaiates
Oratório de
São Sebastião
Rua Saraiva de Carvalho
Batalha
Rua do Sol
Rua de São Luís
R. de São Sebastião
Kathedrale
Sé do Porto
Igreja de
Santa Clara
Casa-Museu
Guerra
Junqueiro
Largo Actor Dias
Rua General Sousa Dias
Fundação Maria
Isabel Guerra
R. de Dom Hugo
Paço
Episcopal
(Bischofs-
palast)
Rua de Dom Hugo
Muralha
Fernandina
R. Arnaldo Gama
Funicular dos Guindais
Rua Miradouro
Capela das
Verdades
Túnel da Ribeira
Igreja de Nossa
Senhora do
Patrocínio
Escada dos Guindais
R. da Ribeira Negra
Elevador
da Lada
Ribeira
Capela
da Lada
Praça
da Ribeira
Cais da Ribeira
Douro
Ponte Dom Luís I.

PORTO

DER AUTOR

Ralf Johnen ist gelernter Tageszeitungsjournalist. Er ist schon seit seiner frühen Kindheit unterwegs, da ein wichtiger Teil seiner Familie aus den Niederlanden stammt. Seine berufliche Reise hat ihn als Autor des Reiseblogs www.boarding completed.me in die digitale Welt geführt. Ebenso gerne aber verewigt er verbindliche Tipps in seinen Büchern. Porto gehört für ihn zu den attraktivsten Städten Europas. Die Stadt ist weltoffen und kapriziös – und bleibt hoffentlich auch in Zukunft schön melancholisch.

www.vistapoint.de

Inhalt

Top 10 & Mein Porto

Stadttour Porto mit Detailkarte

Streifzüge

Vista Points – Sehenswertes

Erleben & Genießen

Chronik

Service von A bis Z und Sprachführer

Zeichenerklärung

Top 10
Das müssen Sie gesehen haben

Mein Porto
Lieblingsplätze des Autors

Vista Point
Museen, Galerien, Architektur und andere Sehenswürdigkeiten

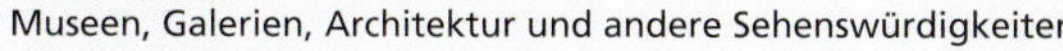
Kartensymbol: Verweist auf das entsprechende Planquadrat der ausfaltbaren Karte bzw. der Detailpläne im Buch.

Willkommen in Porto

Bunte Häuser, eine alte Bausubstanz, enge Gassen und steile Hügel. Eine spektakuläre Brücke, die ein Schüler Gustave Eiffels entworfen hat. Dazu in nur fünf Kilometern Entfernung der wilde Atlantik, schroffe Klippen und weitläufige Strände. Ein Klima mit viel Sonne und ausreichend Regen, das der stets kalte Ozean auch bei großer Hitze zuverlässig reguliert. Dazu der Douro, der im Zentrum Spaniens entspringt, um sich ein tiefes Tal in Richtung Westen zu graben. Dabei versorgt der Fluss den Ort seiner Mündung seit Jahrhunderten mit einem weltweit begehrten Rohstoff: Weintrauben, die an den steilen Hängen des Douro-Tals viel Sonne tanken. Ihr Saft wird in Vila Nova de Gaia zu Portwein veredelt.

In den Lokalen der Stadt wird das Getränk mit großem Genuss konsumiert. Doch das gilt nicht nur für den Portwein: Aus dem Norden Portugals stammt auch der Vinho Verde, der schon zum Mittagessen mundet. Und in den Restaurants der Stadt gehen Feinschmeckern die Augen über. Frischer Fisch und edle Dosensardinen sind ebenso auf den Speisekarten zu finden, wie deftige Hausmannskost, moderne Interpretationen der Petiscos-Kultur (portugiesische Tapas) und aufwendi-

ge Gourmet-Kreationen. Serviert wird all dies von herzlichen Menschen, die sichtbare Freude daran haben, wenn Besuchern ihre Heimat gefällt – und die in der Regel gut Englisch sprechen. Schließlich waren es die Briten, die schon immer gute Handelsbeziehungen zu Portugal unterhielten und deren unstillbares Verlangen nach alkoholreichen Weinen der Erfindung des Portweins den Weg geebnet hat.

Auch ist die Stadt am Puls der Zeit, was vor allem jene Viertel beweisen, die sich außerhalb der seit 1996 UNESCO-geschützten Altstadt befinden. Zu guter Letzt ist das Preisniveau im Norden Portugals immer noch sehr moderat. All dies macht Porto zu einem Traumziel für einen Stadturlaub, der dank der Vielseitigkeit dieser Stadt auch nach einer Woche nicht langweilig wird. Zudem lockt ein nicht weniger großartiges Hinterland mit dem Douro-Tal, historischen Städten wie Coimbra, Braga und Viana do Castelo sowie eine attraktive Küste. So ist es erstaunlich, dass die zweitgrößte Stadt Portugals erst seit wenigen Jahren auf einschlägigen Listen beliebter Reiseziele auftaucht.

Allerdings bleibt zu hoffen, dass sich Porto trotz der rasant wachsenden Beliebtheit seinen unverwechselbaren Charakter bewahren kann. Dazu gehört neben allen Vorzügen auch die Unvollkommenheit der Stadt mit ihren Ruinen, bröckelnden Mauern und verlassenen Gebäuden.

Die Altstadt von Porto an der Cais da Ribeira

Top 10: Das müssen Sie gesehen haben

Ponte Dom Luís I.
S. 9, 35 f.
➡ aC2/3, H11

Die kühne und elegante Brücke definiert das Stadtbild Portos. Seit ihrer Eröffnung 1886 können die Bewohner den Douro auf zwei Ebenen überschreiten.

Palácio da Bolsa
S. 10, 34 f. ➡ aC1, H/G8

Das Tagesgeschäft mag in Lissabon abgewickelt werden. Der beeindruckende Börsenpalast mit prunkvollen Sälen und imposantem Atrium blieb Porto erhalten.

Centro Português de Fotografia
S. 11, 23 ➡ aB1, F8

Das Fotografiemuseum in einem ehemaligen Gefängnis bietet neben Wechselausstellungen grandiose Einblicke in die Architektur vergangener Zeiten.

Livraria Lello
S. 11 f., 64 ➡ aA2, E8

Die Buchhandlung ist vielleicht mittlerweile die Touristenattraktion Nummer eins. Sie diente der Schriftstellerin Joanne K. Rowling als Inspirationsquelle für den ersten »Harry Potter«-Band.

Torre dos Clérigos
S. 12, 39 ➡ aB2, E8

Der 75 Meter hohe Turm scheint über die gesamte Stadt zu wachen. Wer die Mühen von 220 Treppenstufen in Kauf nimmt, wird mit einer formidablen Aussicht belohnt.

Estação de São Bento
S. 12, 30 ➡ aB2, E10

Die Wände der majestätischen Empfangshalle sind mit Azulejos verkleidet. Von Anfang an sollte die Ankunft in dem Bahnhof zu einem unvergesslichen Erlebnis werden.

Kathedrale Sé do Porto
S. 12, 37 f. ➡ aB2, G10

Die Ursprünge der mächtigen Kathedrale reichen bis ins 12. Jh. zurück. Weithin sichtbar, ruft das bedeutendste Gotteshaus der Stadt die fromme Seite Portugals in Erinnerung.

Foz do Douro
S. 16, 70 f.
➡ bB2

Das Strandbad an der Douro-Mündung hat mondäne Ecken. Weil die Brandung erstaunlich wild und das Wasser kalt ist, baden hier vorwiegend Einheimische.

Fundação Serralves
S. 23 ➡ westl. A1

Das Museum für zeitgenössische Kunst hat eine grandiose Architektur und liegt in einem der schönsten Parks der Stadt.

Casa da Música
S. 28 f., 60, 75 ➡ nördl. A2

Das Konzerthaus von Rem Koolhaas ist ein architektonisches Statement, beheimatet drei Orchester und ist eine multifunktionale Spielstätte für Musik fast aller Genres.

Mein Porto
Lieblingsplätze des Autors

Liebe Leser,

dies sind einige der vielen besonderen Orte dieser Stadt, zu denen ich selbst immer wieder gern gehe. Einen angenehmen und interessanten Aufenthalt in meiner europäischen Lieblingsstadt Porto wünscht Ihnen

Ralf Johnen

Rua dos Caldeireiros
S. 11 ➡ aB2, E9

In alten Häusern der autobefreiten Gasse oben auf einem Hügel verbergen sich kleine Restaurants, die Menüs zu winzigen Preisen anbieten.

Escada dos Guindais
S. 13, 30 ➡ aC3, G/H11

Der steile Aufstieg mit Douro-Blick in der Nähe der archaischen Zahnradbahn (Funicular de Guindais) führt durch eine Welt, die wie aus der Zeit gefallen scheint.

Piscinas de Marés
S. 15, 71

Zwei Betonschalen ruhen auf einer Klippe am Atlantik. Mit dem Meeresschwimmbad schuf Pritzker-Preisträger Álvaro Siza Vieira einen Ort von beispielloser Schönheit.

Mosteiro da Serra do Pilar
S. 17 f., 34 ➡ aC3, cA5

Es erfordert einige Anstrengung, das Plateau hoch über dem Fluss zu erreichen. Doch der Ausblick über die Stadt rechtfertigt jeden Schweißtropfen und das Kloster ist eine herrliche Fotokulisse.

São Pedro de Afurada
S. 18 f. ➡ westl. cA1

Das Fischerdorf an der Südseite der Douro-Mündung wurde mit einem Yachthafen aufgemöbelt und hat authentische Restaurants. Es existiert weitgehend untouristisch vor sich hin.

Rundgang durch die Stadt

Vormittag
Praça da Ribeira – Ponte Dom Luís I. – Igreja da São Francisco – Centro Português de Fotografia – Igreja do Carmo/Carmelitas – Livreria Lello – Torre dos Clérigos.

Mittag
Casa Portuguesa do Pastel de Bacalhau ➡ aB2
Rua Campo dos Mártires da Pátria 108
✆ 916 48 79 15
http://pasteisdebacalhau.com
Tägl. 10–22 Uhr
Stockfischsnacks in vielen Varianten (vgl. S. 47).

Nachmittag
Estação de São Bento – Sé do Porto – Escada dos Guindais. Anschließend Abendessen in der Adega São Nicolau (vgl. S. 45) und Bummel durch die Baixa, die Oberstadt mit viel Nachtleben.

Glaubt man den nackten Zahlen, ist Porto eine ziemlich kleine Großstadt: rund 240 000 Einwohner sind nicht eben imposant. Sogar Aachen und Kiel haben mehr. Aber diese Zahl führt in die Irre, denn Porto ist

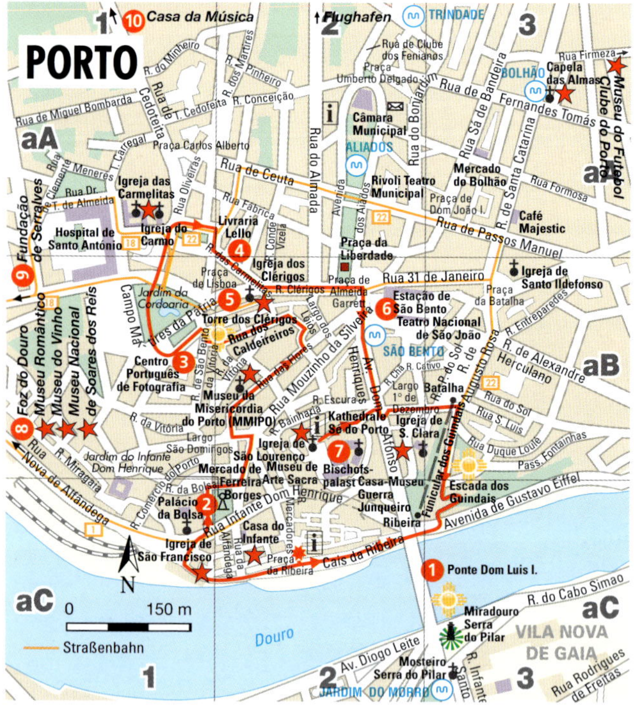

Die Ponte Dom Luís I. führt über den Douro von Gaia nach Porto

das Zentrum eines Ballungsgebiets, das aus selbstständigen Verwaltungseinheiten besteht, die aber eben doch eine Einheit bilden. Und diese hat als Großraum Porto gut 1,8 Millionen Einwohner, was in etwa der von Hamburg entspricht.

Als die Juroren der UNESCO die gesamte Altstadt Portos 1996 unter Schutz stellten, war sie ziemlich heruntergekommen. Seitdem wurde eine erhebliche Geldsumme in den Erhalt und Wiederaufbau investiert, wobei keine größeren Eingriffe in das historische Stadtbild vorgenommen werden dürfen. So begann der Aufschwung der zweitgrößten Stadt Portugals und auch in den Augen der meisten kulturhistorisch interessierten Touristen gilt das Siegel der UNESCO als eine Art ultimativer Ritterschlag. 2001 war Porto Kulturhauptstadt und machte weiter Schlagzeilen. Innerhalb der zurückliegenden beiden Jahrzehnte stieg die Zahl der Touristen. 1996 kamen verschwindend kleine zwei Millionen Touristen auf dem Flughafen an, 2015 waren es bereits über acht Millionen und der Boom geht seither weiter. Weil die Straßen, Gassen und Treppen der Altstadt sehr steil sind, halten sich die meisten Besucher überwiegend am Fluss und nahe der großen Sehenswürdigkeiten auf.

Das Flussufer an der **Praça da Ribeira** ➡ aC2 ist der beste Ausgangspunkt für einen Stadtspaziergang. Außerdem freuen sich die Daheimgebliebenen auf erste Fotos der bunten Häuser am Douro-Ufer. Werfen Sie einen Blick auf die ❶ **Ponte Dom Luís I.** ➡ aC2/3, die mit Hilfe eines eleganten Bogens auf zwei Ebenen den Douro überspannt. Schauen Sie sich die Cafés an, die einen Platz in der ersten Reihe anbieten. Staunen Sie über skurrile Fortbewegungsmittel wie den Zwitter aus Segway und Vespa. Doch danach bewegen Sie sich über die **Cais da Estiva** ➡ aC1/2 zielstrebig in Richtung Westen. Bald begleitet der Kai den Fluss auf einer Art Empore, wobei der Weg keine zwei Meter mehr breit ist. Obwohl der Platz knapp ist, stehen auch hier Tische und Stühle draußen, an denen neben diversen europäischen Sprachen vor allem viel amerikanisches Englisch zu hören ist. Kurzum: dieser Teil der Stadt ist sehr touristisch. Aber da man mit Schinken, Käse, Oliven, Brot und Vinho Verde wenig falsch machen kann, und selbst Portuenser Wuche-

In der ehemaligen Markthalle Mercado Ferreira Borges gibt es ein Restaurant und sie ist ein zentraler Ort für Clubbing und Konzerte

rer im gesamteuropäischen Vergleich nicht sonderlich teuer scheinen, können Sie sich ruhig auf einen Snack hier niederlassen.

Von dem Flecken, wo die leicht erhöhte Miniatur einer Uferpromenade endet, ist es nur einen Steinwurf bis zur nächsten Sehenswürdigkeit: Auf der anderen Seite der Rua do Infante Dom Henrique thront auf einer kleinen Anhöhe die wohl erstaunlichste Kirche der Stadt. Die **Igreja de São Francisco** ➡ aC1 wurde einst vom Franziskanerorden errichtet. Ihr Inneres ist fast zu viel fürs Auge: Im 18. Jahrhundert wurde es mit tropischen Hölzern und bis zu hundert Kilogramm Blattgold ausgekleidet. Gehen Sie über die Treppe zurück nach unten und biegen Sie nach links um die Ecke: Dort wartet mit dem 2 **Palácio da Bolsa** ➡ aC1 die nächste Top-Attraktion. Der neoklassizistische Palast wurde Mitte des 19. Jahrhunderts im Auftrag der örtlichen Industrie- und Handelskammer vollendet, die mit der prunkvollen Börse den Status Portos als Finanzzentrum untermauern wollte. Das glasüberdachte Atrium und die aufwendig ornamentierten Säle können im Rahmen einer Führung besichtigt werden und sind sehenswert.

Wie es sich für ein solch repräsentatives Gebäude gehört, breitet sich davor ein kleiner Park aus. Inmitten des **Jardim do Infante Dom Henrique** ➡ aC2 erinnert ein Denkmal an den Namensgeber, der auf Deutsch als Heinrich der Seefahrer bekannt ist. Noch etwas höher an dem steilen Hügel liegt die rot angestrichene Markthalle an der Nordseite. Die Portuenser allerdings haben den **Mercado Ferreira Borges** (1885–88) trotz seiner erhabenen Architektur nie richtig angenommen. Nach etlichen vergeblichen Versuchen, Leben in die Halle zu bringen, scheint dies nun gelungen: In der Halle wurde eine weitere Halle gebaut, in der sich mit dem Hard Club ein Konzertsaal mit gewagter Programmierung befindet. Im Café-Restaurant nehmen sich gern gestresste Großstädter eine Auszeit. An Samstagen wird der Mercado nun wieder seiner ursprünglichen Bestimmung gerecht, wenn drinnen und draußen ein kleiner Flohmarkt stattfindet.

Über die Rua Ferreira Borges erklimmen Sie den nach wie vor steilen Hügel weiter. Dabei passieren sie vier- und fünfgeschossige Häuser, die mit bunten Fliesen verkleidet sind. Oben angekommen, biegen Sie in den **Largo São Domingos** ➡ aB2 ein, der nach einer weiteren Linkskurve in die **Rua das Flores** ➡ aB2 übergeht, eine hübsch ausgebaute

Fußgängerzone. Hier teilen sich eigentümergeführte Geschäfte, Cafés und Restaurants die Ladenlokale, immer wieder unterbrochen von den unvermeidlichen Bauruinen, die der City auch heute noch eine morbide Qualität verleihen. Wenn Sie einen kleinen Zwischenstopp einlegen möchten: Die **Mercearia das Flores** hat leckere Sardinen im Angebot, die auf knusprigem Brot serviert werden. Bei nächster Gelegenheit biegen Sie links in die **Rua dos Caldeireiros** ein. Die schmale Gasse ist gleichfalls autobefreit, wobei sie über Kopfsteinpflaster erneut steil bergan führt. Vor den rustikalen Lokalen, die zum Teil ein Mittagsmenü für weniger als € 6 anbieten, stehen Einheimische und Touristen Schlange. Oben angekommen, haben Sie den höchsten Punkt erreicht. Wenn Sie noch ein paar Schritte geradeaus gehen, stehen Sie vor dem 3 **Centro Português de Fotografia** ➡ aB1, dem nationalen Fotografiemuseum in einem ehemaligen Gefängnis. Es beherbergt museale und moderne Fotografie, und es ist schön restauriert und daher auch aus architektonischer Sicht eine Augenweide. Ein weiterer Pluspunkt: der Eintritt ist kostenlos.

Nach dem Besuch folgen Sie in Richtung Norden der **Rua de São Bento da Vitória**, um nach Überquerung der viel befahrenen **Rua Campo dos Mártires de Pátria** den **Jardim da Cordoaria** ➡ aB1 zu durchqueren, bis Sie die Gleise der historischen Straßenbahn sehen, die auf der Praça de Parada Leitão verlegt sind. Am Kopfende des Platzes steht eine kuriose Kirche, nein, eigentlich sind es derer zwei: Die **Igreja do Carmo** ➡ aA1 stammt aus dem späten 18. Jahrhundert, ist an ihrer Ostseite mit imposanten blauen Azulejos geschmückt und hat mit ihrem opulenten Inneren stets eine reiche Klientel angezogen. Wenige Meter weiter links nebenan führt eine Tür in die bescheidene **Igreja das Carmelitas** ➡ aA1.

Schlendern Sie nun vorbei an zwei ausgewachsenen Palmen und einem Springbrunnen zu jener Attraktion, die augenblicklich die unumstrittene Nummer eins in Porto ist. Dazu muss gesagt werden, dass die 4 **Livreria Lello** ➡ aA2 schon seit ihrer Eröffnung 1906 ein Wohlfühlort für Bibliophile war. Doch seit sich herumgesprochen hat, dass sich Joanne K. Rowling von der Buchhandlung für ihre Harry-Potter-Reihe hat inspirieren lassen, ist das einst beschauliche Geschäft zu einer Pilgerstätte avanciert, vor der die Fans geduldig Schlange

Eine von Europas schönsten Buchhandlungen: die Livraria Lello

Die Torre dos Clérigos hat eine herausragende Position in der Altstadt.

stehen. Tatsächlich haben die Leser der kommerziell erfolgreichsten Bücherserie der jüngeren Geschichte die 1906 eröffnete Buchhandlung in eine Art Disneyland verwandelt. Weil sein hinreißendes Buchgeschäft nunmehr immer rappelvoll war, kaum jemand aber noch die Werke von Fernando Pessoa oder auch nur irgendeines anderen Schriftstellers kaufte, ergriff der heutige Besitzer José Manuel Lello drastische Maßnahmen: Seit 2015 nimmt er Eintritt, der allerdings beim Bücherkauf angerechnet wird. Wer das Ticket vorher online kauft, braucht nicht in der Schlange zu warten.

Überqueren Sie nach dem Besuch oder dem Betrachten der schönen Fassade die **Praça de Lisboa** ➡ aB2. Der dreieckige Platz ist ein architektonisches Kabinettstückchen, weil sich auf den Dächern der Ladenzeile eine viel genutzte Grünfläche ausbreitet, auf der mehrere Dutzend Olivenbäume Schatten spenden. Nun ist es an der Zeit, dass Sie Porto von oben kennenlernen. Zu diesem Zweck erklimmen Sie den unschwer zu erkennenden 5 **Torre dos Clérigos** ➡ aB2, der 76 Meter in die Höhe ragt. Nach der Bewältigung von 220 Stufen genießen Sie ein 360-Grad-Panorama der Stadt. Der Blick schweift über verwinkelte Gassen und das einzigartige Mosaik der Dächer. Die angrenzende **Igreja dos Clérigos** ➡ aB2 entwarf der in der Toskana geborene Architekt Nicolau Nasoni, der wie kein Zweiter die Gestaltung des barocken Porto geprägt hat.

Wer nun eine Stärkung benötigt, findet diese direkt zu Füßen des Turms. Zwar meinen Einheimische, die **Casa Portuguesa de Pastel de Bacalhau** ➡ aB2 sei eine Touristenfalle. Die vor Ort in Handarbeit produzierten Stockfischfrikadellen aber sind ihren Preis wert, da Ziegenkäse aus den Bergen die sonst übliche Zutatenliste erweitert. Über die Rua da Assuncão und die Rua dos Clérigos geht es wieder in die tieferen Gefilde der Stadt. Genauer gesagt in die 6 **Estacão de São Bento** ➡ aB2, deren Eingang sich in der zweiten Straße rechts (Praça de Almeida Garrett) befindet. Der Kopfbahnhof mit einer unauffällig klassizistischen Fassade wartet in seiner Empfangshalle mit Argumenten auf, die eine Aufnahme in die Liste der spektakulärsten Bahnhöfe Europas rechtfertigt: Alle Wände sind mit Azulejos ausgekleidet, die einen Bezug zur Landesgeschichte oder zu Varianten des Transportwesens herstellen. Bei den Schaulustigen ruft dies lange anhaltende Bewunderung hervor.

Vom Bahnhof São Bento sind es nur 250 Meter bis zur Kathedrale Portos. Wenn Sie die Avenida Dom Alphonso Henriques hinaufgehen, gelangen Sie zur 7 **Sé do Porto** ➡ aB2. Mit dem Bau des wuchtigen Gotteshauses wurde im 12. Jahrhundert begonnen, doch es weist von der Romanik über die Gotik bis zum Barock Merkmale aller Epochen auf. Sehr sehenswert sind die Arkaden des Kreuzgangs, die wie der Bahnhof mit blauen Fliesen verziert sind. Wieder an der frischen Luft fällt neben der Kathedrale der mächtige Bischofspalast aus dem 12./13. Jahrhundert auf, der Portos Silhouette entscheidend prägt. Der Vorplatz vor Kathedrale und Bischofspalast gestattet abermals einen schönen Ausblick über den Douro, die ältesten Viertel der Stadt und das Geflecht enger Gassen, das den Zugang u.a. zur **Igreja de São Lourenço** ➡ aB2 mit dem Museu de Arte Sacra für religiöse Kunst ermöglicht. Ein Spaziergang über die Treppen den Berg hinunter ist hier auch abends schön, denn dann sind die Mauern bezaubernd in gelbliches Laternenlicht getaucht.

Für den Moment aber sind Sie bereits ganz in der Nähe eines Ausblicks, der alles Bisherige übertrifft. Um in dessen Genuss zu kommen, gehen Sie die Calçada de Vandoma und die **Rua de Saraiva de Carvalho** ➡ aC3 in Richtung Süden bis zu einem Wehrturm, der sich auf der rechten Seite aufbaut. Dahinter biegen Sie in die **Rua Arnaldo Gama** ein, die geradewegs in eine archaische Gegend führt. Schon nach wenigen Metern sehen Sie zwischen den ehrwürdigen Häusern den Bogen der **Ponte Dom Luís I.** ➡ aC2/3. Aus der Perspektive der engen Gasse sieht die Brücke noch mächtiger aus, als sie ohnehin schon ist. Je weiter Sie sich nähern, umso unwirklicher wird das Szenario, denn bald ebnen Treppenstufen den Weg hinab zum Fluss. **Escada dos Guindais** ➡ aC3 nennt sich der Weg, der eine Reise zurück ins Mittelalter gestattet. So nämlich werden Sie den Gang vorbei an altertümlichen Häusern mit kleinen Eingängen empfinden. Ein Erlebnis der besonderen Art, das Stadtbesuchern wegen der für Modernisierungsprojekte abschreckend extremen Hanglage wohl auch künftig erhalten bleibt. Unten angekommen, stehen sie fast auf Portos legendärer Brücke. Und falls Sie wert darauf legen, einen Rundkurs zu absolvieren: Bis zum Ausgangspunkt an der **Praça da Ribeira** ➡ aC2 sind es kaum 400 Meter den Fluss hinunter. Am Ufer können Sie mit Blick auf den Fluss zu Abend essen. Oder, ganz in der Nähe, im **Weinhaus ODE** beziehungsweise im Traditionslokal **Adega de São Nicolau**, wo recht authentische Speisen in gemütlichem Ambiente serviert werden. ■

Zwei Gebäude dominieren die Skyline der Ribeira: Portos Kathedrale Sé (links) und der Bischofspalast (rechts)

Matosinhos – ein Tag an der Küste

Porto bietet weit mehr als die von der UNESCO geschützte Altstadt. Diese Tour widmet sich der Wasserseite der Stadt. Sie führt auf einem Rundkurs zu einem Hafen, Badeorten, Stränden, Fischrestaurants und zu einem der spektakulärsten Schwimmbäder der Welt.

Ausgangspunkt ist die Stadtbahnhaltestelle Trindade, wo die hellblau markierte Linie 1 Kurs auf **Matosinhos** ➡ bB2 (Porto & Umgebung) nimmt. Die Strecke führt überwiegend oberirdisch durch die modernen Viertel Portos und durch Vorstädte. Hier zeigen sich recht schonungslos die Narben, die das 20. Jahrhundert fast überall auf der Iberischen Halbinsel hinterlassen hat. Während der Salazar-Diktatur von 1932 bis 1974 (dem sogenannten Estado Novo, war Portugal ein bitterarmes Land. Es sollte bis zum EU-Beitritt 1996 dauern, bis ein merklicher Aufschwung einsetzte. Zwischen den Stationen Francos und Parque de Real wird auf eindrucksvolle Weise deutlich, dass für Wohnbauten, die nur annähernd das Stilbewusstsein und die Farbenfreude der glorreichen Vergangenheit aufwiesen, schlichtweg kein Geld vorhanden war.

An der Haltestelle Matosinhos Sul steigen Sie aus. Die Hafenstadt Matosinhos, acht Kilometer westnordwestlich von Porto, zeigt ein anderes Gesicht: In der **Rua Roberto Ivens**, der ersten Straße die vom Kreisverkehr nach Norden abzweigt, mischen sich flache Wohnhäuser unter die Zweckbauten. An der Kreuzung mit der **Rua de Tomaz Ribeiro** überrascht ein mit Holzpaneelen und dekorativen Verstrebungen aufgehübschtes **Parkhaus**, ein erster Hinweis darauf, dass Matosinhos eine kleine Hochburg der modernen Architektur ist. **Pritzker-Preisträger Álvaro Siza Vieira** wurde 1933 hier geboren. Seiner Arbeit und seiner Zunft ist auch die **Casa da Architectura** gewidmet, ein paar Schritte weiter in derselben Straße. Zunächst aber buhlen auf der anderen Straßenseite traditionelle Wohnbauten um Aufmerksamkeit, deren Fassaden von oben bis unten mit Azulejos verziert sind. Gelegentlich sind hier spannende Ausstellungen zu sehen.

Über die Rua 1 de Dezembro geht es zunächst rechts und dann wieder nach links in die verkehrsberuhigte **Einkaufsstraße Rua de Bristo**

Badevergnügen mit Ausblick auf den Atlantik in den Piscinas de Marés

Zwei Pritzker-Preisträger aus Porto

Der Pritzker-Preis gilt als höchste Auszeichnung für Architekten. Er wurde 1979 ins Leben gerufen und seitdem zwei Mal an portugiesische Baumeister vergeben – nicht schlecht für ein kleines Land. Konkret wurde die Arbeit von Álvaro Siza Vieira (1992) und **Eduardo Souto de Moura** (2009) gewürdigt. Beide stammen aus Porto. Siza Vieira ist in Matosinhos geboren, das zum Großraum Porto gehört. Unter Kennern ist von einer **Portuenser Schule** die Rede, der **Escola do Porto**, die sich durch eine entschlossene Modernität und geometrische Strenge auszeichnet. Mouras in Deutschland vielleicht bekanntestes Bauwerk ist das Fußballstadion von Braga, das aussieht, als wäre es in den nackten Fels geschlagen. In Porto ist die minimalistische Metrostation Trindade zu bestaunen. Siza Vieira hat mehr Spuren in seiner Heimat hinterlassen. Regelrechte Ikonen sind das Schwimmbad Piscinas de Marés in Matosinhos und der Museumsbau der Fundacão Serralves in Foz. Doch mit São Bento hat er Porto auch eine U-Bahnstation vermacht.

Capelo, die an der städtischen **Markthalle** endet. Vor allem in den Morgenstunden wird hier auf traditionelle Weise mit Fisch, Gemüse und lebendem Geflügel gehandelt. An dieser Stelle gilt es nun eine Entscheidung zu treffen, denn die folgende Attraktion erfordert einen zusätzlichen Weg von drei Kilometern, der sich allerdings lohnt. Hinter der Hafenbrücke beginnt der Stadtteil **Leça de Palmeira**. Am Kreisverkehr geht es zunächst durch die Rua Hintze Ribeiro, eine landestypische Straße mit sehr gemischter Nutzung. An deren Ende warten Strand und Meer. Die **Avenida Liberdade** ist ein breiter Boulevard, der an der einen Seite von modernen, nicht zu hohen Wohnblocks begleitet wird. An der anderen Seite säumt ein Fußgänger- und Radweg die Küste und führt zu Badebuchten, felsigen Stränden und ein paar coolen Beach Bars. Das absolute Highlight aber thront bereits nach knapp 500 Metern auf den Klippen: Es sind die **Piscinas de Marés**, die Architekt Siza Vieira zwischen 1961 und 1966 hier errichtete. Die beiden Becken aus Sichtbeton scheinen in die Fluten des Meers überzugehen und eignen sich vorzüglich für ein beliebig langes Bad.

Beim Weg zurück begleitet das Meer die Strecke bis zur Hafeneinfahrt. Auffälligstes Bauwerk ist das **Forte de Leça da Palmeira**, dessen Bau 1638 in Angriff genommen wurde. Die trutzige Festung ist heute schön in einen Landschaftspark eingebettet. Kurios auf dem Rückweg: Hinter der Hafenbrücke geht es durch die Rua Conde São Salvador bis zur **Rua Heróis de Franca**, der womöglich traditionellsten und authentischsten Straße Portugals. Alle Bewohner des Landesnordens nennen diesen Ort, sobald es um die besten Fischrestaurants geht. An warmen Tagen stehen hier nicht nur Tische, Stühle und Sonnenschirmen auf den Bordsteinen, sondern mit ihrer intensiven Geruchspalette weithin wahrnehmbar auch Grills, auf denen der jüngste Fang gekonnt in Vollendung gegart wird. Das Meer ist von hier aus nicht zu sehen. Immer öfter aber überragen die Schornsteine der Kreuzfahrtschiffe aus dem hiesigen Terminal die Häuser, ein weiteres sicheres Zeichen für die steigenden Popularität Portos.

Durch den kleinen **Jardim Senhor do Padrão** geht es zum **Strand von Matosinhos**, der sich auch auf dieser Seite entspannt gibt. Die Wohnblöcke dahinter sind nicht annähernd so brachial wie vielerorts am

Die Promenade von Foz do Douro an der Flussmündung in den Atlantik

Mittelmeer. Skater, Surfer, Selbstdarsteller und Spaziergänger fühlen sich am Stadtstrand ebenso wohl wie gestählte Schwimmer – das Wasser, dies sollte nicht vergessen werden, ist nur im Hochsommer ein wenig wärmer als 18 Grad. Dem Bummel über die Promenade steht wenig im Weg, bis sich im ersten Kreisverkehr ein bemerkenswertes Kunstwerk aufbaut. Ein überdimensionales Fangnetz von runder Gestalt, das an drei zwischen 25 und 50 Metern hohen Pfeilern befestigt ist. Es heißt »She Changes« und stammt von der amerikanischen Künstlerin Janet Echelman, die der örtlichen Fischfangtradition ein unübersehbares Denkmal gesetzt hat. Nun wird der Küstenabschnitt immer schöner: In den **Jardins da Avenida de Montevideu** führen am Wasser Holzplanken über die Klippen.

Nun haben wir Matosinhos verlassen und befinden uns in 8 **Foz do Douro** ➡ bB2, was Mündung bedeutet. Schon der nächste Kreisverkehr bietet mit dem **Castelo do Queijo** (am Meer), dem **Parque da Cicade**, dem größten Stadtpark Portugals, landeinwärts, sowie der örtlichen Niederlassung von **Sea Life** Zugang zu gleich drei Attraktionen. Weiter südlich wird die Uferbebauung deutlich mondäner als im Nachbarort – die High Society Portos wusste den Badeort schon früh zu schätzen. Recht glamourös ist bis heute die örtliche **Pergola**, deren gebogene Form und leicht verwitterter Anstrich ein schönes Motiv für Fotos (und Selfies) abgeben. Näher Richtung Mündung des Douro erhöht sich die Dichte an Lokalen und Bars. Gesellschaftlicher Dreh- und Angelpunkt ist das **Praia da Luz**, in dem entspannte elektronische Klänge und bequeme Polstermöbel einen herrlichen Blick aufs Meer gestatten. Rundherum nehmen gerne auch Geschäftsleute im Freizeitlook Platz, die ihre Pullover über die Schultern schlagen, um deren Ärmel vor der Brust zusammenbinden. An guten Tagen sorgt das Meer für ein zusätzliches Spektakel. Die Wellen rollen auf die Küstenlinie zu, um an den Klippen und Kaimauern zu brechen.

Jenseits der Kaimauer warten die Impressionen der breiten **Douro-Mündung**. Auf seinen letzten Metern wird das Bett des Douro von einem Park begleitet, dem **Jardim do Passeio Alegra**. In den frühen Abendstunden bevölkern Angler das Ufer. Ein friedliches Bild. Nostalgische Gefühle erhalten bei einem Spaziergang über die Kaimauer bis zum **Leuchtturm** zusätzlichen Antrieb und wenn die finale Etappe des Tages ansteht: Die Rückfahrt in die Innenstadt Portos mit den altmodischen Wagen der Straßenbahnlinie 1. Die Züge verkehren zwei bis drei Mal pro Stunde. Letzte Abfahrt flussaufwärts: 20.13 Uhr.

Vila Nova de Gaia – auf der anderen Flussseite

Die Nachbarstadt auf der Südseite des Douro ist für Porto-Besucher ein stetiger Blickfang. Seien es das mächtige Mosteiro da Serra do Pilar, das belebte Ufer mit seinen vielen Gaststätten, die Reklameschilder der Portweinproduzenten oder die Gondeln der Seilbahn. Ein Besuch in Vila Nova de Gaia gehört zum erweiterten Pflichtprogramm eines Stadturlaubs, zumal der Weg dorthin nicht aufsehenerregender sein könnte. Starten Sie in der **Avenida Vimara Peres**, die Ihnen von Porto aus Zugang zum oberen Deck der 1 **Ponte Dom Luís I.** ➡ aC2/3 bietet. Versäumen Sie auf dem Weg zur Brücke nicht, einen Blick in die Gärten der umliegenden Häuser zu werfen, deren Gemäuer von wilden Stiefmütterchen bewachsen sind. Einmal auf der 1886 eröffneten Brücke angekommen, genießen Sie den Blick hinunter auf die Altstadt. Dabei handelt es sich um ein geräuscharmes Erlebnis, denn die Straße ist modernen Stadtbahnen und Fußgängern vorbehalten und für Autos gesperrt.

Auf der anderen Seite folgen Sie Straße und Schienen noch eine Weile, bis nach einer Drehung um 180 Grad die Rampe hinauf zum Kloster **Mosteiro da Serra do Pilar** ➡ cA5 in Sicht kommt. Oben breitet sich die beste Aussicht auf Porto aus. Wer ganz steil hinunterblickt, sieht am Hang die Ruinen verlassener Wohnhäuser – auch das gehört untrennbar zu der Stadt am Douro. Versteht sich von selbst, dass dieser romantische Ort während des Sonnenuntergangs eine bevorzugte Anlaufstelle für verliebte Pärchen ist. Wieder auf Straßenniveau angelangt, durchqueren Sie den **Jardim do Morro** ➡ cA/B4/5, der kürzlich modernisiert wurde und nun gelegentlich für Street-Food-Festivals und DJ-Abende mit elektronischer Musik genutzt wird. Am westlichen Scheitelpunkt des grünen Ovals wählen Sie die **Calçada da Serra**, um auf altmodische Weise durch zum Fluss hinunter zu gelangen. Zur Belohnung gehen Sie nun gleich zwei Mal unter der Brücke durch. So wird dieser Weg zu einem archaischen Gesamtkunstwerk.

Sobald Sie den Douro erreicht haben, spazieren Sie ein Stück in Richtung Westen. Einfache Restaurants und Geschäfte begleiten Ihren Weg für eine Weile, bis Sie vor der Portweinkellerei **Calem** ➡ cA4 stehen. Hier ist der Uferboulevard breiter und Sie können vor der makellosen Kulisse von Porto ungestört die auf dem Wasser schaukelnden Barken ablichten. Bald darauf wird der Spaziergang noch angenehmer, weil die Stadt den am dichtesten mit Lokalen besetzten Abschnitt des Boulevards, die **Avenida de Diogo Leite**, für Automobile gesperrt hat. Überhaupt ist das Ufer hübsch gemacht: Spielplätze, Bänke und moderne Pavillons und eine kleine Markthalle bieten für jeden etwas. Noch weiter flussabwärts wird es dann ein wenig amerikanischer. Zunächst schweben die Gondeln des **Teleférico** in ihren Heimathafen ein, anschließend

Die Seilbahn Teleférico de Gaia gondelt am Douro-Ufer über Gaia

Hoch oben: Mosteiro da Serra do Pilar in Vila Nova de Gaia

verbreiten Gastronomiebetriebe mit Hochglanzallüren unnötigen Lärm. Dahinter beginnt das vergessene Vila Nova de Gaia, mit verfallenen Landgütern, altertümlichen Wohnhäusern und einer kleinen Werft, in der die typischen Barken bis heute nach traditionellem Muster gefertigt werden.

Nun können Sie sich dem gemütlichen Teil des Tages zuwenden, was in Vila Nova de Gaia fast zwangsläufig mit dem Besuch einer Portweinkellerei beginnt. Ein guter Anfang ist die Probierstube von **Ferreira** ➡ cB1 in der Avenida de Ramos Pinto, die katakombenartig bis weit in den dahinterliegenden Hügel eingebettet ist. Auch wenn Sie nun bereits mehrere Portweine verkostet haben, sollten Sie noch das Weingut von **Taylor's** ➡ cC3 besuchen. Sie erreichen es über die Rua Dom Alphonso III., die Rua de Santa Marinha und die Rua de Choupelo. Zu dem Betrieb mit britischen Wurzeln gehört auch das angrenzende Luxushotel The Yeatman mit Sternerestaurant. Im Weinkeller von Taylor´s gibt es ein gut gemachtes Dokumentationszentrum. Und sobald Sie über das intellektuelle Gerüst verfügen, werden Sie in die Probierstube geführt. Hier lernen Sie im Praxistest die Unterschiede zwischen Ruby und Tawny kennen. Wenn Sie mögen, können Sie sich die edlen Tropfen gar im hauseigenen Rosengarten servieren lassen. Ein Genuss!

Abstecher ins Fischerdorf São Pedro de Afurada

Von Vila Nova de Gaia aus kann man dem Douro im Prinzip bis ins Fischerdorf **São Pedro de Afurada** ➡ westl. cA1 folgen, was vor allem Jogger gerne machen, denn er wird weitgehend von guten Wegen begleitet, die auf weiten Strecken über Holzplanken führen. Fußgänger brauchen für eine Strecke ca. 20 Minuten. Oder Sie fahren von Porto aus mit der historischen Straßenbahnlinie 1 bis hinter die Brücke Ponte de Arrábida, wo die **Fähre Flor do Gás** (€ 1) übersetzt. Auf der anderen Seite in Alfurada erwartet Sie ein moderner **Yachthafen** mit strahlend weißen Häusern, wo Einheimische in der Nachmittagssonne in den Cafés Bier trinken und Bohnen knabbern. Landeinwärts hinter der Uferstraße **Rua da Praia** ist die Zeit jedoch stehengeblieben: Hier

Tagesausflug nach Viana do Castelo

Die Kirche der Santa Luzia in Viana do Castelo

Viana do Castelo befindet sich in rund 80 Kilometer Entfernung im äußersten Norden Portugals. Die Stadt besitzt mit der Mündung des Flusses Lima einen natürlichen Hafen und sie hat in der portugiesischen Seefahrtgeschichte eine bedeutende Rolle gespielt. Mit gut 85 000 Einwohnern ist sie deutlich kleiner als Porto. Wegen ihres hinreißenden historischen Stadtbilds aber lohnt sich ein Ausflug. Wer mit der Bahn anreist, kann vom Bahnhof über die schnurgerade **Avenida dos Combatentes da Grande Guerra** hinunter zum Wasser gehen. Unbedingt sehenswert ist auch die **Santuário de Santa Luzia**, ein tempelartiger Sakralbau hoch oben auf einem stadtnahen Hügel. Wer den Fußweg scheut, fährt mit dem **Elevador de Santa Luzia** hinauf, einer Standseilbahn. Ganz entzückend ist auch die weitläufige **Praça da República** mit dem gotischen Rathaus und einem hübschen Springbrunnen. Die breiteren Straßen der Altstadt sind von schönen Patrizierhäusern gesäumt, während sich in den Gassen teils verschwindend kleine Häuschen aneinanderreihen. In den urigen Lokalen gibt es Muscheln und Schalentiere zu kleinen Preisen. Wer sich an einem Tisch niederlässt, erbt mit etwas Glück die nicht leer getrunkene Weinflasche der Vorgänger. Das sieht man hier nicht so eng. Kurzum: Viana ist ein Städtchen, wie es in der heutigen Welt eigentlich kaum noch existieren kann.

grillen die Bewohner frisch gefangenen Fisch und vertreiben sich auf den Bordsteinen bei einem Schwätzchen die Zeit. Madonnenstatuen bewachen die mitunter winzigen Hauseingänge.

Diese Seite der Douro-Mündung ist auf wundersame Weise von den Hauptverkehrswegen abgeschnitten: Die Autobahn führt in sicherem Abstand auf der Anhöhe an dem Dorf vorbei. Der Mündungsbereich des Douro steht unter Naturschutz. Und der kalte Atlantik beschert Afurada auch im Sommer immer wieder Nebelschwaden. Dies alles hat hoffentlich zur Folge, dass der Ort mit seinen 3500 Einwohnern seinen Charakter auch in Zukunft behält.

Beschaulich geblieben: das Fischerdorf Afurada

Shopping und Bar-Hopping in der Baixa

In Porto gibt es trotz touristischen Booms etliche Viertel und Straßen, die sich vom Geschmack des Mainstreams deutlich abheben. Gehen Sie an der Kreuzung mit der Rua do Almada die Rua da Fábrica hinauf Richtung Norden. Sobald Sie die Rua de Ceuta überquert haben, gelangen Sie in eine Art zweite Altstadt, die auch als **Baixa** bezeichnet wird, obwohl der Begriff anders als in Lissabon nicht so klar umrissen ist und sogar in die Irre führt, da es sich nicht um die Unterstadt handelt. Hier fällt sofort die hohe Dichte an Lokalen auf, die sich im deutschsprachigen Raum gerne als Manufakturen bezeichnen und Burger oder Craft Beer verkaufen.

Nach einigen Schritten erreichen Sie ein erstes sehenswertes Geschäft: Es nennt sich **Workshops Pop Up** ➡ D9 (vgl. S. 63), hat aber mit einer Zwischenlösung nichts zu tun. Vielmehr haben sich in einem ehemaligen Baumarkt um die 20 kleiner Markenhersteller angesiedelt, die von selbstentworfenen Kleidern bis zu Ölsardinen alles anbieten, was ihnen am Herzen liegt. Ein paar Meter weiter können Sammler einen Blick auf das Vinylangebot von **Louie Louie** ➡ D9 (vgl. S. 64) werfen. So geht das in losen Abständen weiter in der sympathischen Rua do Almada, an der gelegentlich kachelverzierte Häuser auffallen – und die immer weiter bergauf zu führen scheint. Doch Sie können auch gleich in der Rua Dr. Ricardo Jorge links abbiegen, denn einige der populärsten Orte der Stadt sind nun in unmittelbarer Reichweite. Gleich an der nächsten Ecke wartet das **Café Candelabro** ➡ C9 (vgl. S. 54). Hier dreht sich alles um Bücher und Comics, die in Regalen und auf Präsentiertischen ausgestellt sind. Ein Umfeld, das eine entsprechende Klientel anzieht und das dabei so angesagt ist, dass hier hin und wieder Model-Shootings stattfinden. Nur 100 Meter weiter öffnet sich auf der rechten Seite eine Ladenpassage. Am Portal: ein guter Plattenladen mit dem Namen **Porto Calling** ➡ C9 (vgl. S. 65). Gehen Sie weiter geradeaus, gelangen Sie in die Travessa do Cedofeita. Diese mag tagsüber nicht weiter auffällig sein. Abends (und nachts) aber stehen hier die Studenten und die Hipster der Stadt auf der Straße, um Bier zu trinken. Das ist in den örtlichen Lokalen ab 50 Cent pro Einheit zu haben. Tagsüber aber erkunden Sie besser die Passage. Dort stellt weiter hinten **Mon Père Vintage** ➡ C9 (vgl. S. 63) die Mode vorheriger Generationen aus. Verlassen Sie die Passage auf der anderen Seite und gehen Sie nach rechts in die Rua dos Martíres da Liberdade. Sie sieht aus als hätte sie ihre besten Zeiten hinter sich, aber dieser

Auf der Rua do Cedofeita gibt es viele interessante kleine Läden

Sabores e Açores, eines der exklusiven Restaurants in der Einkaufspassage Centro Comercial Bombarda

Eindruck täuscht. Vielmehr bietet die Straße kleinen Geschäften ein Zuhause, deren Inhaber mit Antiquitäten, Büchern oder vergessenen Medien wie Videokassetten handeln. Eine Zeitreise, die keineswegs nur sentimental ist.

An der Rua das Bragas biegen Sie links ab. Dort passieren Sie eine repräsentative Fakultät der Uni, ehe Sie die **Rua do Ceidofeita** erreichen. Diese **Fußgängerzone** ist mit einem wunderbaren Teppich aus hellen und dunklen Steinchen ausgelegt, ein Luxus, den sich die Portuenser in der Vergangenheit bei allen Straßen gegönnt haben, die ihnen am Herzen liegen. Die Straße ist zugleich auch als die »Fußgängerzone der Einheimischen« bekannt. Auch hier haben sich unter die Geschäfte, die längst vergangene Moden aufrecht zu halten versuchen, Eisdielen und Craft-Beer-Shops gemischt – bei **Catraio Craft Beer** ➡ B7 (vgl. S. 57) etwa fließen die handgemachten Gerstensäfte in Strömen aus den Zapfhähnen. Sie erreichen das Lokal, indem Sie nach links abbiegen und 100 Meter gehen. Gleich dahinter zweigt die **Rua de Miguel Bombarda** nach rechts ab, wo sich neben Boutiquen und Hostels auch einige Galerien angesiedelt haben. Eine Menge frischer Ideen. Sollten Sie weitere Beweise dafür benötigen, dass es sich um ein kreatives und aufstrebendes Viertel handelt, betreten Sie das von außen unscheinbare **Centro Comercial Bombarda** ➡ C5 (vgl. S. 64). Hier verbirgt sich eine Einkaufspassage mit recht exklusiven Geschäften sowie ein Innenhof mit Café. Samstags findet hier der **Farmer's Market O Berdinho** ➡ C5 statt, den Erzeuger aus der Region zum Verkauf ihrer kulinarischen Spezialitäten nutzen.

Gehen Sie nun auf demselben Weg zurück zur Rua do Ceidofeita, wo Sie rechts abbiegen, um direkt auf die **Praça de Carlos Alberto** ➡ D8 zuzulaufen. Der majestätische Platz mit einem etwas unorthodoxen, fast birnenförmigen Grundriss ist von schönen sanierten Häusern eingerahmt. Hier geht es samstags 10–19 Uhr auf dem Flohmarkt »Porto Belo« lebhaft zu.

Eine weitere Portion Subkultur finden Sie gegenüber der Igreja do Carmo. Hier befindet sich im Erdgeschoss und dem ersten Stock eines modernistischen Bürohauses die **Embaixada do Porto** ➡ D8 (vgl. S. 57). In der abgerockten Bar laufen alte Platten von Hank Williams und Konsorten. Ein Etablissement also, das man eher in Kansas City erwarten würde. Abends übernehmen hier die Kiddies, doch für einen Sundowner mit Blick auf die Azulejos der Kirche eignet sich die Bar perfekt. ■

Museen und Galerien, Architektur und andere Sehenswürdigkeiten

Museen und Galerien

Durch sein anmutiges Stadtbild mit den vielen Baudenkmälern weckt Porto in gewisser Weise einen musealen Eindruck. So gesehen ist es eine willkommene Abwechslung, dass das mit Abstand wichtigste Ausstellungshaus der modernen Kunst gewidmet ist. Die Fundacão Serralves kann es mit tonangebenden Museen in europäischen Metropolen aufnehmen und ist für Liebhaber moderner Kunst ein Muss. Weithin bekannt ist auch das Centro Português de Fotografia. Viele andere Museen lohnen den Besuch vor allem bei speziellen Interessen.

Casa do Infante ➡ aC2, H8
Rua da Alfândega 10
✆ 222 06 04 35
www.cm-porto.pt
Di–So 10–13, 14–17 Uhr
Eintritt € 2,20
Unweit des Flusses soll in diesem sorgfältig restaurierten Gebäude 1394 der Infante Dom Henrique geboren sein, der später als Heinrich der Seefahrer in die Geschichte eingegangen ist. Der trutzige Granitbau beherbergt heute auf drei Etagen Ausstellungen zur Geschichte der Stadt und der wechselvollen Historie des Gebäudes, das auch als Zollhaus fungiert hat. Im Keller sind u. a. die Nachbauten römischer Mosaike zu sehen.

Die **Eintrittspreise** sind im internationalen Vergleich bemerkenswert niedrig: Der Zutritt zu den kleineren Häuser kostet aktuell € 2,20, wobei viele an Wochenenden umsonst sind. Stets kostenlos ist das Portugiesische Zentrum für Fotografie. Einen Museumspass, wie ihn andere Städte anbieten, gibt es aktuell nicht. Die **Porto-Card** hingegen ermöglicht für kleines Geld diverse Ermäßigungen. Sie ist für einen bis vier Tage mit und ohne öffentlichen Nahverkehr erhältlich und kostet zwischen € 6 und 33 (visitportoandnorth.ecwid.com).

Die Casa de Serralves, eine Villa von 1923 im Park, zeigt Ausstellungen

Casa-Museu Guerra Junqueiro
➡ aB2, G10
Rua de Dom Hugo 32
Metro: São Bento
✆ 222 00 36 89
Di–So 10–17.30 Uhr
Eintritt € 2,20, Sa/So frei
Abílio Manuel Guerra Junqueiro (1850–1923) war Politiker, Poet und Winzer in Personalunion. Nach seinem Tod hat seine Witwe der Stadt seine Kunstsammlung sowie den kleinen Stadtpalast vermacht. Zu den Exponaten gehören dekorative Kunst und Alltagsgegenstände der Epoche. Der malerische Innenhof beherbergt ein kleines Café.

Casa-Museu Teixera Lopes
➡ südl. cC5
Rua Teixera Lopes 32
Vila Nova de Gaia
Metro: Camâra da Gaia
✆ 223 74 29 04
www.cm-gaia.pt
Di–Fr 9–12.30, 14–17, Sa 9–12, 14–17, So 10–12, 14–17 Uhr
Eintritt frei
António Teixera Lopes (1866–1942) war ein erfolgreicher Bildhauer aus Porto, dessen Werk bis heute als einflussreich gilt. Seine Motive waren meist allegorisch, historisch und religiös. Gemeinsam mit seinem Bruder, einem Architekten, hat er 1895 in Vila Nova de Gaia ein Atelier eröffnet, das heute als Museum dient. Zum Haus gehört auch die Sammlung von Diogo de Macedo, die wichtige Werke der portugiesischen Moderne umfasst.

8 Centro Português de Fotografia ➡ aB1, F8
Campo Mártires da Pátria
Tram 18: Clérigos oder Bus: 200, 202, 501
✆ 220 04 63 00, www.cpf.pt
Mo–Fr 10–18, Sa/So 15–19 Uhr
Eintritt frei
In Portugal dreht sich nicht alles ums Geld. So ist das portugiesi-

In einem alten Gefängnis: Centro Português de Fotografia

sche Zentrum für Fotografie in einer der schönsten Immobilien der Stadt unterbracht. Konkret handelt es sich dabei um ein ehemaliges Gefängnis, das bis zur Nelkenrevolution 1974 in Betrieb war. Seine trutzigen Gemäuer erheben sich in unmittelbarer Nähe zum Clérigos-Turm in bester Lage. Nachdem zuvor keine neue Nutzung für das Gebäude gefunden werden konnte, ließ das Kulturministerium 1997 ein Fotomuseum einrichten. 2001 wurde dieses von einem Team rund um den zweiten portugiesischen Pritzker-Preisträger Eduardo Souto de Moura veredelt. Heute sind auf drei Etagen wechselnde Ausstellungen zu sehen, die sowohl die Landes- als auch die Fotografiegeschichte dokumentieren.

9 Fundacão Serralves
➡ westl. A1
Rua D. João de Castro 210
Metro: Casa da Música, dann 201, 203, 502, ✆ 22 26 15 65 00
www.serralves.pt
Mo–Fr 10–19, Sa/So bis 20, Nov.–März tägl. außer Di 10–18 Uhr
Eintritt € 15 (Museum, Park & Villa), € 12 (Museum und Park), 1. So im Monat 10–13 Uhr frei
Eine Top-Attraktion in mehrfacher Hinsicht: Portugals Pritzker-Preisträger Álvaro Siza Vieira

Stolz auf den FC Porto

Das Team des FC Porto beim Champions-League-Spiel gegen Rom (23.08.2016)

Als Metropole mag Porto klein und bescheiden sein. Dies aber gilt nicht für den wichtigsten Fußballclub der Stadt: Spätestens nachdem der FC Porto 2004 im Gelsenkirchener Schalke-Stadion das Finale der Champions League gewonnen hat, zählt der stolze Verein zu den ganz Großen des Sports. Trainer war damals niemand anderes als José Mourinho. Die Elite des internationalen Vereinsfußballs ist klein. So hießen die Sieger der UEFA Champions League bis 2019 FC Barcelona, Real Madrid, FC Chelsea, FC Liverpool, Manchester United, Bayern München, Inter Mailand – und FC Porto. Neben 27 Meisterschaften und 16 Pokalsiegen gewann der 1893 gegründete Verein auch zweimal die Europa League und ein weiteres Mal (1987) die Champions League. 2019 stand der Verein wieder im Viertelfinale. In Expertenkreisen genießt der FC Porto vor allem wegen seiner klugen Transferpolitik hohes Ansehen. Fans können ohne Umsteigen vom Flughafen zum Stadion fahren. Mächtige Konkurrenz übrigens gibt es in mit Boavista Porto schon in der eigenen Stadt, während Guindalense ein außerhalb Portos weitgehend unbekannter Mini-Verein ist.

(geb. 1933) hat im Westen der Stadt in Lordelo do Ouro einen eleganten und visionären Museumsbau errichtet, der seit 1999 einen gleichberechtigten Blick auf die umgebende Parklandschaft und die Exponate freigibt. Von Georg Baselitz über Richard Serra bis zu Gerhard Richter umfasst die Sammlung der Serralves-Stiftung eine lange Liste klangvoller Namen der Gegenwartskunst. Die Exponate werden von immer neuen Kuratoren inszeniert. Hinzu kommen anspruchsvolle Wechselausstellungen. Auf diese Weise sichert sich die Fundacão Serralves einen Platz in der erweiterten eu-

Alte Straßenbahnen haben im Museu do Carro Eléctrico eine neue Heimat gefunden

ropäischen Spitzengruppe für Ausstellungshäuser mit **Schwerpunkt moderne und zeitgenössische Kunst**. Doch das ist längst nicht alles: Im sehenswerten landschaftsarchitektonischen **Serralves-Park** sorgen jährlich wechselnde Skulpturen für zusätzlichen Kunstgenuss. Auf der am höchsten im Park gelegenen Terrasse thront mit der **Casa de Serralves**, eine stromlinienförmige Villa von 1923, in der ebenfalls Ausstellungen gezeigt werden, z.B. aus der Sammlung von Joan Miró, die das Museum gekauft hat. Für den Besuch der gesamten Anlage darf man getrost einen halben Tag einplanen.

Museu do Carro Eléctrico ➡ D1
Alameda Basílio Teles 51
Bus: 500, 204 oder Tram 1
✆ 226 15 81 85
www.museudocarroelectrico.pt
Mo 14–18, Di–So 10–18 Uhr
Eintritt € 8/4
Ohne die historischen Tramwagen wäre das Stadtbild Portos hochgradig unvollständig. Bis heute rumpeln die Wagen auf drei historisch wertvollen Strecken vor sich hin. Fahrzeuge verschiedener Generationen werden im Transportmuseum für die Nachwelt konserviert. Besucher können die Wagen von innen und außen begutachten. Ein Zuhause haben sie im ehemaligen Kraftwerk der Verkehrsbetriebe STCP (Sociedade de Transportes Colectivos do Porto) gefunden, das eine architektonische Attraktion ist. Nicht erschrecken, wenn es laut wird: Einige Wagen kommen immer noch zum Einsatz, weshalb sie nach Feierabend unter erheblichem Getöse in die Halle einrollen.

Museu do Futebol Clube do Porto ➡ nordöstl. A17
Estádio do Dragão
Via Futebol Clube do Porto

Igreja da Misericórdia: Barocke Gestaltung und Azulejos-Wände

Metro: Estádio do Dragão
✆ 22 55 70 418
www.fcporto.pt
Mo 14.30–19, Di–So 10–19 Uhr
Eintritt € 15/10 (Museum und Stadion)
Meilensteine der ruhmreichen Vereinsgeschichte des FC Porto können Fans beim Besuch des Clubmuseums inklusive Führung durch das Estádio do Dragão besichtigen.

Museu da Misericordia do Porto (MMIPO) ➡ aB2, F8
Rua das Flores 15
Metro: São Bento
✆ 22 09 06 960
www.mmipo.pt
Tägl. 10–18.30 (im Winter bis 17.30 Uhr)
Eintritt € 5/2,50
Das 2015 eröffnete Museum der Barmherzigkeit schildert in erster Linie die Geschichte der katholischen Wohltätigkeitsorganisation Santa Casa de Misericórdia, die einst vom Königshaus unterstützt wurde. Das Museum befindet sich im ehemaligen Hauptquartier der Organisation, die vom 16. Jh. bis zum Jahr 2013 existiert hat. Neben einem Rückblick auf ihre Geschichte zeigt das Museum auch ihre Kunstsammlung, zu der Gemälde und Schmuck gehören. Besucher haben außerdem Zutritt zur Igreja da Misericórdia. Die Barockkirche im Nachbargebäude stammt ursprünglich aus dem

Typische Häuserdekoration in Porto: blau-weiße Azulejos

16. Jh. und bekam im 18. Jh. eine prunkvolle Fassade. Architekt Nicolau Nasoni, der in Porto bedeutende Spuren hinterließ, gestaltete sie. Zum Innenleben gehört eine opulente Auskleidung mit Azulejos.

Museu Militar do Porto ➡ E17
Rua do Heroísmo 329
Metro: 24 de Agosto
✆ 22 536 55 14
www.facebook.com/museumilitardoporto
Di–Fr, So 10–12.30 und Di–So 14–17
Eintritt € 3/1, So vorm. kostenlos
Militärmuseen stehen bei Urlaubern nicht weit oben auf der Liste. Dieses hier versucht mit einer Armee aus 12 000 Bleisoldaten Überzeugungsarbeit zu leisten, die aus verschiedenen Generationen stammen und die Uniformen unterschiedlicher Länder tragen. Prunkstück des Hauses ist ein Schwert, das Heinrich dem Seefahrer gehört haben soll.

Museu Nacional de Soares dos Reis (MNSR) ➡ D5
Palácio dos Carrancas, Rua Dom Manuel II.
Metro: Aliados oder Bus: 18, 200, 501
✆ 22 339 37 70
www.museusoaresdosreis.gov.pt
Di–So 10–18 Uhr
Eintritt € 5, 1. So des Monats frei
Die Vita von António Soares dos Reis liest sich heute wie der Stoff für einen tragischen Fado: Nach dem Studium in Paris und Rom blieb der Bildhauer (1847–1889) in seiner Heimat zu Lebzeiten unverstanden, mit seiner Ersatzexistenz als Dozent mochte er sich nicht abfinden. Im Alter von 41 Jahren beging er Selbstmord. Erst posthum gewann sein Werk an Renommee, was 1911 in der Umbenennung des ersten portugiesischen Nationalmuseums für Kunst gipfelte.

Museu Nacional de Soares dos Reis – Portos Museum für Schöne Künste

Die Sammlung des Hauses hat 1942 ihre bis heute aktuelle Heimat in einem neoklassizistischen Stadtpalais von 1795 gefunden, das zwischenzeitlich auch als Königsresidenz des Nordens fungierte. Anlässlich der Rolle Portos als Europäische Kulturhauptstadt im Jahr 2001 wurde das Bauwerk sorgfältig restauriert. Zu sehen ist überwiegend portugiesische Kunst aus dem 19. und 20. Jh. (Gemälde und Skulpturen), aber auch einige flämische und niederländische Meister.

Salon im Museu Romântico

Museu Romântico ➡ D2
Rua Entre Quintas 220
Bus: 200, 201, 207, 208 bis Jardins do Palácio de Cristal
✆ 226 0 57 032
Di–So 10–17.30 Uhr
Eintritt € 2,20, Sa/So frei
Das gesamte Erscheinungsbild Portos ist wie gemacht für romantische Gefühle. Das war wohl auch im Zeitalter der Romantik nicht viel anders. Um die Vorzüge dieser Epoche für die Nachwelt zu erhalten, erwarb die Stadt 1972 eine Immobilie in ausgesucht schöner Lage: die Quinta da Macieirinha aus dem späten 18. Jh., die sich in den Jardins do Palácio de Cristal mit Blick auf das Douro-Tal befindet. Der einstige König von Sardinien verbrachte hier 1843 seine letzten Tage, was im Fokus der Ausstellung steht. Auch die Gärten sind sehenswert. Das Museum ist auch Ausgangspunkt mehrerer ausgeschilderter Spaziergänge durch das Viertel Massarelos, dessen malerische Baufälligkeit durch die zum Teil steilen Hanglagen geschützt wird.

Museu do Vinho do Porto ➡ F3
Rua de Monchique 45–52
Tram 1 bis Museu Vinho Porto
✆ 220 7 63 00
Di–So 10–17.30 Uhr
Eintritt € 2,20, Sa/So frei
Die Erfindung und Weiterentwicklung des Portweins waren wesentlich für die Stadtgeschichte und gastronomische Kultur. In einem schön restaurierten Warenhaus aus dem 18. Jh. am Flussufer führt dieses Museum mit Hilfe von Schautafeln, Fotos und Filmen in die Thematik ein. Die Didaktik ist ein wenig rustikal. Eine Verkostungsstube ist leider nicht vorhanden.

Galerien – Quarteirão das Artes

Wer sich für Kunst außerhalb von Museen interessiert, ist in der **Rua Miguel Bombarda** richtig. In der Seitenstraße der Fußgängerzone Rua de Ceidofeita haben sich einige hippe Galerien niedergelassen: **O Galeria** (Nr. 61, www.ogaleria.com, Illustrationen), **Galeria Présenza** (Nr. 570, www.galeriapresenca.pt, zeitgenössische Kunst) und **Serpente** (Nr. 558, www.galeriaserpente.com, moderne Kunst) zeigen, dass Portos Galeristenszene sehr vital ist.

Architektur und andere Sehenswürdigkeiten

Avenida de los Aliados
➡ aA2, E/D/C10
Metro: Aliados

Porto hätte sich ganz gut eine Rolle als Kapitale von internationaler Bedeutung vorstellen können. Das klingt in so manchem Fado-Text an. Nirgendwo aber wird das deutlicher, als an der Avenida de los Aliados. Der mit einer großzügigen Promenade ausgestattete Boulevard unterscheidet sich erheblich von der unübersichtlichen Ribeira. Seinen aktuellen Zustand verdankt die Avenida seit 2006 dem heimischen Stararchitekten Álvaro Siza Vieira.

Eingerahmt wird er von kräftigen Bauten, die sowohl Jugendstil- als auch viktorianische Elemente aufweisen und sich mit ihrer leicht übertriebenen Protzigkeit hervorragend als Domizile für Banken, Versicherungen und Hotels eignen. Sie wurden von britischen Baumeistern entworfen. Über dem Ostende der Avenida thront das aus Granit und Marmor gefertigte Rathaus mit seinem 70 m hohen Turm. Das 1916 im neoklassizistischen Stil errichtete Gebäude ist noch immer Sitz der Stadtverwaltung.

Cais da Ribeira ➡ aC2, H 9/10
Einer der Hauptanziehungspunkte von Portos Altstadt ist die Cais da Ribeira, die farbenfroh das nördliche Douro-Ufer säumt. Von der klassischen Mini-Kreuzfahrt zu den sechs Brücken bis zu Segway-ähnlichen Gebilden mit Vespa-Front gibt es hier etliche Bespaßungsmöglichkeiten, lediglich die lärmenden Hubschrauberrundflüge werden etwas außerhalb gehalten.

Auf den Terrassen der vielen Lokale sind denn auch kaum Einheimische anzutreffen, was Besucher jedoch nicht prinzipiell abschrecken muss. Käse, Oliven und ein Vinho Verde gehen schließlich immer. Und der Blick auf Fluss, Brücke und bei einsetzender Dämmerung auch auf die Reklameschilder der Portweinkellereien ist den Aufpreis wert.

⑩ Casa da Música ➡ nördl. A2
Avenida da Boavista 604–610
Metro: Casa da Música
✆ 220 12 02 20
www.casadamusica.com

Gebaut aus Marmor: Portos Rathaus an der Avenida de los Aliados

Die farbenfrohen Häuser an der Cais da Ribeira sind Portos Wahrzeichen

Führungen auf Englisch (ca. 1 Std.) tägl. 10–17 Uhr
Eintritt € 10
Die Casa da Música in Porto ist ein schillerndes Beispiel für eine Konzerthausarchitektur, die Begeisterung auslöst, auch ganz unabhängig vom Kulturprogramm. Das vom Büro des Rotterdamer Architekten Rem Koolhaas geplante Haus wurde 2005 mit vierjähriger Verspätung eingeweiht. Seitdem gehört der Bau, in dem täglich mehrere Führungen (S. 61) angeboten werden, auch tagsüber zu Portos Top-Attraktionen.

Der Entwurf kommt mit einer Grundfläche aus, die wesentlich kleiner als die maximale Geschossfläche ist. Die vielen Kanten der Sichtbetonschale erinnern an einen geschliffenen Edelstein. Weil das Gebäude über ebenso großzügige wie originell gestaltete Außenflächen verfügt, wurde es als öffentlicher Raum direkt angenommen – Skater fühlen sich hier ebenso wohl wie Büroangestellte in ihrer Mittagspause.

Die Konzertsäle haben zwar eine Top-Akustik, aber ihre Gestaltung ist nicht ganz unumstritten. So wollte Koolhaas sie unbedingt mit Tageslicht versorgen. Die Künstler aber bevorzugen es, die Glasfronten mit Vorhängen abzudecken. Zudem wirkt die strikt lineare Anordnung der Sitzreihen im großen Saal sehr kühl und statisch. Der Popularität des Hauses und der guten Akustik indes tut dies keinen Abbruch: Konzerte aller musikalischen Genres sowie andere Kultur-Events sind gut besucht. Highlight der Führung sind die Räume, die für kleine Veranstaltungen gebucht werden können. Den schönsten hat Koolhaas von innen mit den landestypischen Azulejos ausgekleidet.

Cemitério de Agramonte
➡ nordwestl. A1
Rua de Agramonte
Metro: Casa da Música
Tägl. 8.30–17 Uhr (außer 1. und 2. Nov.)
Der heute schönste Friedhof der Stadt wurde 1855 nach einer Cholera-Epidemie zunächst als schlichte Grabstätte angelegt. Später sollten sich hier im vornehmen Boavista die Reichen ihre letzte Ruhestätte sichern. Mausoleen, Skulpturen (auch von den namhaften Bildhauern António Teixeira Lopes und António Soares dos Reis) sowie andere Ausdrucksformen christlichen Pathos zeugen bis heute von diesem Wohlstand. Auf dem Friedhof sind zahlreiche prominente Portugiesen begraben, darunter der Filmregisseur Manoel de Oliveira

Blick von der Escada dos Guindais zur Brücke Dom Luís I.

(u.a. »Reise an den Anfang der Welt«, der letzte Film von Marcello Mastroianni). De Oliveira wurde 1908 geboren und starb im April 2015 im biblischen Alter von 106 Jahren. Der Friedhof ist besonders im Frühjahr eine Augenweide, wenn die Kamelien und Magnolien blühen.

Elevador da Lada ➡ aC2, H10
Rua da Lada 4000
Mo–Fr 8–20 Uhr
Zwischen den bunten Häusern der Ribeira bereichert dieser Fahrstuhl das ohnehin schon sehr ansehnliche Stadtbild um eine Stahlkonstruktion. Dabei erweist er sich als verlässliche Hilfe auf dem zuweilen anstrengenden Weg von der Unter- in die Oberstadt. Auch ermöglicht er einen hübschen Rundumblick – und nicht zuletzt ist er kostenlos.

Escada dos Guindais
➡ aC3, G/H11
Zwischen Rua da Ribeira Negra und Rua Arnaldo Gama
Am Douro-Ufer unmittelbar nördlich der Ponte Dom Luís I. führt neben dem herrlich altmodischen Funicular auch ein steiler Pfad in die Oberstadt. Weil die Gasse immer wieder von Treppenstufen unterbrochen wird, ist sie Fußgängern und wilden Katzen vorbehalten. Schon nach wenigen Metern wähnt man sich hier in einer anderen Welt, in der gerade erst Wasser- und Stromleitungen verlegt wurden. Abgesehen von der archaischen Schönheit des Wegs werden alle erfolgreichen Absolventen mit einem spektakulären Ausblick auf die Ponte Dom Luís I. belohnt, die sich in geringer Entfernung ihren Weg über den Douro bahnt. Bei Dunkelheit, das sei dazu gesagt, ist das verwinkelte Areal nicht jedermanns Sache.

6 Estação de São Bento
➡ aB2, E10
Haupteingang Praça da Almeida Garret
Metro: São Bento
Bahnreisende wurden einst wie Könige behandelt. Wer das nicht glauben mag, muss nur seine Schritte in die Estação de São Bento lenken. Die 1916 fertiggestellte Empfangshalle des Stadtbahnhofs würde mit ihrem klassizistischen Äußeren nicht weiter auffallen. Das Interieur aber schlichtweg atemberaubend: Die Wände sind mit rund 20 000 Azulejos verkleidet.

Der obere Fries ist bunten Kacheln vorbehalten, die altertümliche Fortbewegungsmittel der Menschen zeigen. Darunter befinden sich Darstellungen historischer Szenen aus der portugiesischen Landesgeschichte, wobei die komplette Nordwand die Schlacht von Valdevez aus dem Jahr 1140 darstellt. Die Fliesengemälde wurden zwischen 1905 und 1916 vom Maler Jorge Colaço komponiert und angefertigt. Stuckdecken, großzügige Torbögen und eine wuchtige Uhr runden das Gesamtkunstwerk ab.

Funicular dos Guindais
➡ aC3, E–H/10/11
Ponte Dom Luís I. und Rua de Augusto Rosa
Tram Linie 22: Batalha
www.metrodoporto.pt
April–Okt. 8–22, Fr/Sa bis 24 Uhr (sonst jeweils 2 St. kürzer)
Ticket € 2,50
Sie finden es mühselig, ständig die steilen Hügel der Stadt zu erklimmen? Nun, das ging den Portuensern bereits 1891 so. Also errichteten sie, lange bevor in unmittelbarer Nähe die Douro-Brücke entstand, eine Kurzbahn mit Kabelantrieb: den Funicular dos Gundais. Diese allerdings war nur zwei Jahre später Gegenstand eines schweren Unglücks. Der Betrieb wurde wieder eingestellt und die Einheimischen mussten den Höhenunterschied von 61 m wieder zu Fuß überwinden.

Erst Anfang des 21. Jh. bahnte sich ein mögliches zweites Leben an: In ihrem Bemühen, den öffentlichen Nahverkehr allgemein aufzuwerten, hat Metro Porto den Bau einer modernen Version des Funiculars in Erwägung gezogen. 2004 schließlich wurde die 291 m lange Zahnradbahn in Betrieb genommen. Eine kurze aber vergnügliche Reise.

Igreja do Carmo/Igreja das Carmelitas ➡ aA1, D8
Rua do Carmo
Tram: 18 bis Carmo oder Bus: 200, 202, 501
Mo–Fr 7.30–19, Sa/So 9–18.45 Uhr
Eintritt frei
Gemeinsam mit der Igreja das Carmelitas bildet die Igreja do Carmo ein einzigartiges Ensemble, dessen Besonderheit sich erst aus der Nähe erschließt: Was aus der Ferne zunächst wie ein einziges, asymmetrisches Gotteshaus scheint, sind in Wahrheit zwei Kirchen des Ordens Barfüßiger Karmeliter. Abgesehen von ihrer Nachbarschaft und ihrer katholischen Ausrichtung haben sie nicht viel miteinander zu tun.

Die Igreja do Carmo ist an der stadtseitigen Ostflanke großzügig mit Azulejos verziert. Auch von innen ist sie prunkvoll. Entsprechend galt die aus dem späten 18. Jh. stammende Kirche in der Vergangenheit als Gotteshaus der Wohlhabenden. Eine Tür weiter zeigt sich ein vollends anderes Bild: Die Igreja das Carmelitas aus dem 17. Jh. darf stilistisch dem Rokoko zugerechnet werden. Ihr Innenleben ist deutlich bescheidener und so diente der Sakralbau als Kirche der Armen.

Dekorativ dank seiner Azulejos: Portos Bahnhof São Bento

Igreja de São Francisco

➡ aC1, H8

Rua do Infante Dom Henrique
Bus: 500, 900 bis Palácio da Bolsa
✆ 222 00 64 93
www.ordemsaofrancisco.pt
Juli–Sept. tägl. 9–20, März–Juni, Okt. bis 19 Uhr, sonst 17.30 Uhr, Eintritt Kirche frei, Museum € 3,50

Von außen macht die Igreja de São Francisco einen leicht untersetzten Eindruck. Dabei ist sie Bestandteil eines typisch portugiesischen Gotikensembles. Wer dann jedoch die Gemäuer des 1425 vollendeten Sakralbaus betritt, ist umso beeindruckter: Das dreischiffige Gotteshaus ist üppig mit Holzornamenten ausgekleidet, die ihrerseits mit fast 100 kg Blattgold überzogen sind. Auf diese Weise entsteht eine fast schon psychedelische Wahrnehmung.

Die Opulenz freilich datiert nicht auf die Zeit des Baus, sondern auf das frühe 18. Jh., als Portugal Gold und Edelhölzer aus Brasilien importierte. Aus den Jahren von 1718 bis 1721 stammt auch das kunsthistorisch herausragende Element: der Altaraufsatz im Chorraum, den Filipe da Silva und António Gomes angefertigt haben.

Auch »Grillenkirche« genannt: die Igreja de São Lourenço

Wie der Name andeutet, geht die Kirche ursprünglich auf den Franziskanerorden zurück. Heute gehört sie zu den Welterbestätten der Altstadt. Ihre unmittelbare Umgebung allerdings hat sich im 19. Jh. dramatisch verändert, als das dazugehörige Kloster zerstört und an seiner statt auf dem Gelände der majestätische Börsenpalast errichtet wurde. Gegenüber der Kirche befindet sich ein kleines **Museum** mit hochwertiger Sakralkunst. Zum Museum gehört auch ein Katakombenfriedhof, den die Franziskaner von 1746 bis 1866 genutzt haben.

Igreja de São Lourenço

➡ aB2, G9

Largo do Colégio
Metro: São Bento
✆ 223 39 50 20
www.diocese-porto.pt
Di–Sa 9–19 Uhr
Eintritt Kirche frei, Museum € 3

Die symmetrischen Türme dieser Kirche fallen in der Skyline Portos weniger auf, da sich der Sakralbau trotz der räumlichen Nähe zur Kathedrale bereits etliche Höhenmeter darunter befindet. Der Bau wurde ab 1573 von den Jesuiten als Seminarkirche errichtet. Weil er erst 1709 fertig wurde, weist er neben manieristischen Elementen auch bereits barocke Einflüsse auf. 1759 vertrieb Premierminister Marquês de Pombal die Jesuiten; 1780 zog der Orden der Barfüßigen Augustiner ein, der ursprünglich in der Rua do Grilo in Lissabon beheimatet war, weshalb manche Portuenser heute noch Igreja dos Grilos (Grillenkirche) sagen.

Im Nordflügel des Konvents befindet sich das **Museu de Arte Sacra e Arqueologia** (Museum für sakrale Kunst und Archäologie), das über eine umfangreiche Skulpturensammlung vom 13. Jh. bis zur Gegenwart verfügt. Einer der Räume ist den Werken der

Der Pavilhão Rosa Mota in den Gärten des Palácio de Cristal erinnert ein wenig an ein gelandetes Ufo

Bildhauerin Irene Vilar (1928–2008) vorbehalten. Zur Sammlung gehören weiterhin Schmuck, Schriften, Gewänder und archäologische Ausgrabungen aus vorrömischer Zeit. Die Exponate werden in der erhabenen Umgebung gewölbeartiger Gänge ausgestellt.

Jardim da Rotunda da Boavista

➡ nördl. A1

Praça de Mouzinho de Albuquerque

Metro: Casa da Música

Ein Stadtpark in einem Kreisverkehr? Das gibt es in Porto tatsächlich. Möglich macht dies ein Rondell von monumentalen Ausmaßen. Bei der Errichtung im Jahr 1876 war allerdings noch nicht absehbar, dass der Kreisverkehr eines Tages über acht Stichstraßen wichtige Teile des motorisierten Verkehrs abwickeln würde.

Der Durchmesser von mehr als 200 m lässt auf einen staatstragenden Anlass für den Bau schließen – und den gibt es tatsächlich: Der Jardim da Rotunda da Boavista wurde angelegt, um dem gemeinsam Sieg von Portugiesen und Briten über Napoleons Truppen auf der Iberischen Halbinsel (1807–14) zu gedenken. Die Bedeutung dieses Erfolgs wird in einem pompösen Denkmal von 45 m Höhe zum Ausdruck gebracht.

Jardins do Palácio de Cristal

➡ D2/3

Rua de Dom Manuel II.

Bus: 20, 35 oder 37

✆ 225 32 00 80

April–Sep. tägl. 8–21, sonst bis 19 Uhr, Eintritt frei

Wie so viele wohlhabende Städte hat sich auch Porto in der Mitte des 19. Jh. einen Kristallpalast gegönnt. Das prestigeträchtige Gebäude allerdings wurde 1951 abgerissen – und so bleibt es an seinem ehemaligen Standort nur als Namenspate für die umliegenden Gärten verewigt. Diese legte 1864 der deutsche Landschaftsarchitekt Emil David an. Sie gehören zu den schönsten Grünflächen, die Porto zu bieten hat: gepflegte Lustgärten mit opulenten Blumenbeeten, eine Palmenreihe mit Ausblick auf den Douro, und Pfauen, die durch eine schattige Allee paradieren, machen den botanischen Garten zu einem populären Naherholungsraum.

Mitten im Park steht eine Halle, deren Form an ein Ufo erinnert. Der **Pavilhão Rosa Mota** von 1956 ist nach einer ehemaligen Mara-

Die runde Klosterkirche des Mosteiro da Serra do Pilar

thonläuferin benannt. Er fasst bis zu 5400 Zuschauer und kommt heute bei der Austragung von Basketballspielen zum Einsatz.

 Mosteiro da Serra do Pilar

 aC3

Largo de Avis, Vila Nova de Gaia
Metro: Jardim do Morro
✆ 220 14 24 25
www.culturanorte.pt
Di–So 10–18.30 (im Winter bis 17.30 Uhr)
Eintritt € 2 (€ 4 mit Turmbesteigung)

Der Weg hinauf zu diesem Kloster mag anstrengend sein. Doch die unbezahlbare Aussicht ist eine angemessene Entschädigung. Mit der Ponte Dom Luís I. im Vordergrund, fällt der Blick ungestört auf Portos Altstadt und das Douro-Tal. Der Ort aber ist nicht nur wegen dieses einen Postkartenmotivs bezaubernd: So bietet die Terrasse des Klosters schattige Sitzgelegenheiten, die Einheimische zum Beispiel zum Lesen nutzen. Vor dem Hintergrund einer winzigen Kapelle, die sich direkt neben dem Rundbau am Abgrund aufbaut, wirkt das Szenario wie eine Filmkulisse.

Das Kloster zählt zum UNESCO-Welterbe. Es beherbergte einst die britischen Truppen, die Porto während der Iberischen Kriege beim Kampf gegen Napoleon unterstützt haben. Der verwinkelte Komplex befindet sich aufgrund seiner strategischen Bedeutung seit mehr als zwei Jahrhunderten im Besitz des Artillerieregiments.

Das Anwesen kann sowohl auf eigene Faust wie auch im Rahmen einer Führung besichtigt werden. Gebaut wurde es ab 1537 von Mitgliedern des Augustinerordens. Architektonisch besonders interessant ist die Klosterkirche: Die Igreja do Serra do Pilar besitzt einen runden Grundriss, was zur Folge hat, dass der Prediger sich bei Messen inmitten der Gläubigen befindet. Auch der sehenswerte Kreuzgang ist rund. Im Inneren der Anlage ist eine Ausstellung über den portugiesischen Norden zu sehen.

2 Palácio da Bolsa

➡ aC1, H/G 8

Rua Ferreira Borges 4050
Bus: 500, 900, 901
✆ 22 339 90 00
www.palaciodabolsa.com
Tägl. 9–18.30, Nov.–März 9–13, 14–17.30 Uhr
Eintritt € 10/6,50

Als Seefahrerstadt, Handelsmetropole und Machtzentrum blickt Porto auf eine reiche Vergangen-

heit zurück. Kaum ein Gebäude bringt dieses Selbstverständnis besser zum Ausdruck als der Palácio de Bolsa. Der Börsenpalast wurde 1842 von der örtlichen Industrie- und Handelskammer in Auftrag gegeben, als noch nicht endgültig geklärt war, dass sich die Stadt am Douro dauerhaft damit würde begnügen müssen, im nationalen Kontext hinter Lissabon die zweite Geige zu spielen. 1850 war der neoklassizistische Palast weitgehend fertig, doch es sollte bis 1910 dauern, ehe die Arbeiten an dem prunkvollen Interieur vollendet waren. Nach den politischen Verwicklungen der 1970er Jahre wurde der Aktienhandel vollends in die Hauptstadt verlagert.

Wer diese Geschichte im Foyer des Börsenpalasts hört, wird unweigerlich von Wehmut erfasst. Das mit einem Glasdach überspannte Atrium nämlich heißt die Länder der Welt in Form goldener Wappen willkommen. Noch feierlicher ist der maurische Saal (1860–79) mit seinen orientalischen Motiven, die zum Teil der Alhambra in Granada entliehen sind. Wie bei zahlreichen anderen Sälen handelt es sich bei den dekorativen Elementen um stilisiertes Edelholz, das in Wahrheit aus Gips besteht. Dieses Handwerk beherrschten die Portuenser in Perfektion; auch das inzwischen weltberühmte Interieur der Buchhandlung Lello wurde auf diese Weise hergestellt.

Die Börse kann nur im Rahmen von Führungen besichtigt werden. Dabei kommen Besucher auch an dem Raum vorbei, in dem noch immer der Schreibtisch von Gustave Eiffel steht. Der Architekt lebte und arbeitete von 1875 bis 1877 in Porto, während er mit seinem Team die Ponte Maria Pia realisierte.

1 Ponte Dom Luís I.

➡ aC2/3, H11

Manche Bauwerke prägen den Anblick ganzer Städte. Die Ponte Dom Luís I. ist ein solcher Fall. Die 1886 eröffnete Doppeldeckerbrücke mit dem charakteristischen Metallgerüst ist auf den Titelbildern fast aller Bücher über Porto sowie auf unzähligen Postkarten zu sehen. Auf architektonisch kühne Weise überspannt sie den Douro mit Hilfe eines einzigen Bogens gleich zweifach – sowohl auf der Uferebene als auch in

Die prachtvolle Austattung des maurischen Saals im Palácio da Bolsa ist von der Alhambra im spanischen Granada inspiriert

45 m Höhe. Die untere Ebene ist Autos und – auf einem sehr schmalen Bordstein – auch Fußgängern vorbehalten. Oben mussten Fußgänger bis vor Kurzem lediglich auf die gelegentlich passierende Stadtbahnen achten, während sie den atemberaubenden Ausblick genossen. Mittlerweile aber hat sich die Brücke zu einer Art Zirkusbühne entwickelt, wo sich Selbstdarsteller jeder Art tummeln, Hochzeitspaare sich fotografieren lassen und Instagrammer den perfekten Sonnenuntergang abzupassen versuchen.

Wer sich hier hinaufwagt, sollte schwindelfrei sein – nicht zuletzt, weil die Konstruktion zwischen Straße und Schiene den Blick nach unten freigibt.

Ponte Maria Pia ➡ H16

Der Name Gustave Eiffel ist eng mit Porto verknüpft. Allerdings geht die Verbindung nur allzu oft mit dem Missverständnis einher, dass der französische Baumeister für die kapriziöse Ponte Dom Luís I. verantwortlich zeichnet – ein Bauwerk, das sein belgischer Schüler Théophile Seyrig 1886 vollendete. Eiffel selbst jedoch hatte sich mit seiner Firma erfolgreich auf die Ausschreibung der portugiesischen Eisenbahn beworben, eine einspurige Brücke über den Douro zu bauen. Als federführender Ingenieur trat aber schon hier Seyrig in Erscheinung, Eiffel kam zur Überwachung der Arbeiten an der grazilen Ponte Maria Pia nach Porto. Sie überspannt in 61 m Höhe eine Distanz von 150 m. Die meisten Touristen sehen sie bei einer Douro-Bootstour zu den sechs Brücken (S. 83) vom Fluss aus. Sie blieb bis 1991 in Betrieb, als mit der Ponte de São João eine weitere Eisenbahnbrücke mit zwei Spuren für die Strecke Porto–Lissabon fertig wurde, die Geschwindigkeiten von mehr als den bis dato geltenden 20 km/h gestattete.

Um dem Verfall des Monuments entgegenzuwirken, wurden 2009 an der Ponte Maria Pia Instandhaltungsarbeiten durchgeführt. Zwar wird bei den Ausflugsfahrten auf dem Douro zuweilen behauptet, dass eine neue Nutzung als Radweg geplant ist, doch dazu ist es bislang nicht gekommen.

Praça de Lisboa ➡ aB2, E9

Bus: 200, 202, 501 bis Jardim da Cordoaria

Wer denkt, ein nach der ungeliebten Hauptstadt benannter Platz müsse in Porto ein Schattendasein fristen, hat sich getäuscht. Vielmehr haben die Portuenser in prominenter Lage ein städtebau-

Vor dem berühmten Turm in Paris erschuf der französische Ingenieur Gustave Eiffel in Porto die Eisenbahnbrücke Ponte Maria Pia

Azulejos in der Fußgängerzone

Azulejosbild der Capela das Almas in der Rua de Santa Catarina

Die **Rua de Santa Catarina** ➡ aA3, E–A 12/13 besitzt als Fußgängerzone ihre eigenen Qualitäten. Besonders auffällig sind die Bürgersteige mit ihrer liebevollen Musterung. Doch abseits von allem kommerziellen Nutzen verbindet die Straße gleich zwei echte Hingucker miteinander, zwei Kirchen, deren Fassaden wie in Porto und ganz Portugal typisch, mit strahlend schönen Azulejos-Bildern verziert sind, die die Menschen beeindrucken und früher auch bekehren sollten. Die 1730 fertiggestellte **Igreja de Santo Ildefonso** ➡ aB3, E12 thront von weit her sichtbar auf einem Sockel, etwa 11 000 Azulejos an ihrer Fassade zeigen Szenen aus dem Leben des Heiligen aus Toledo, nach dem sie benannt ist. Gut einen halben Kilometer weiter nördlich erstaunt die Fassade der **Capela das Almas** ➡ aA2, C12. Die bemalten Wandfliesen stammen aus dem Jahr 1929 und zeigen u. a. Szenen aus dem Leben des Franz von Assissi und der Heiligen Katharina von Alexandrien, die zugleich Namenspatronin der Straße ist.

liches Husarenstück abgeliefert, denn die Praça de Lisboa vereint auf drei Ebenen auf ungesehene Art und Weise drei Funktionen: Die Tiefgarage und die Einkaufspassage Praça de Lisboa wären vielleicht nicht weiter erwähnenswert. Doch anstelle eines Hochbaus oder eines Dachs legten die Architekten einen Garten an. Die Rasenfläche ist in losen Abständen mit Olivenbäumen bepflanzt – viel schöner kann man ein Identitätsgefühl nicht zum Ausdruck bringen. Das kürzlich hier installierte **Café Base** (S. 54) ist ebenso rasend populär wie die Plätze im Schatten der Ölbäume. Gemeinsam mit der Betonschale des Hauptgebäudes wird der gesamte Komplex zu einem spannenden Kontrast zu den historischen Bauten, die ihn umgeben.

Praça da Ribeira ➡ aC2, H9

Der älteste und zentralste Platz der Altstadt ist eine Augenweide. Schlanke Häuser in bunten Farben machen ihn zu einem populären Fotomotiv, die Terrassen der Cafés erhöhen trotz der iberischen Vorliebe für billige Plastikstühle die Aufenthaltsqualität – nicht zuletzt weil sie einen hübschen Ausblick auf den Douro und die Portweinkellereien in Vila Nova de Gaia gestatten. Am Kopfende des Platzes steht ein auffälliger Springbrunnen, dessen zentraler Bestandteil ein wuchtiger Bronzewürfel ist. Dieser scheint in der Luft zu schweben – ein Symbol für die Fragilität der Demokratie, die in Portugal noch so jung ist.

7 Sé do Porto ➡ aB2, G10

Terreiro da Sé, Metro: São Bento
✆ 222 05 90 28
www.culturanorte.pt
Tägl. 9–19 (im Winter von 12.30–14.30 geschl.) Eintritt Museum und Kreuzgang € 3

Die Bischofskirche von Porto besitzt einen standesgemäßen Standort auf der Spitze eines Hügels. In der mittelalterlichen Skyline wird die Kathedrale lediglich vom Torre dos Clérigos überragt.

Fenster in der Kathedrale Sé

Zudem ist der vorgelagerte Platz großzügig angelegt – und er gestattet einen hervorragenden Blick auf den Douro und die verwinkelten Gassen, die aufgrund ihrer steilen Hanglage vom Autoverkehr befreit sind. Wer vor der Doppelturmfassade steht, dem muss die Kathedrale wie eine mächtige Festung erscheinen. Das liegt auch am frühen Baubeginn im 12. Jh.: Die Türme der romanischen Kirchen sind deutlich niedriger, als die ihrer gotischen Nachfolger. Dafür sind die Gemäuer umso wuchtiger. Obwohl das Gotteshaus im Laufe der Jahrhunderte viele Eingriffe über sich hat ergehen lassen müssen, zeugen die Rosettenfenster in der Front des Langhauses bis heute vom ursprünglichen Baustil.

Vor allem im 17. und 18. Jh. wurden Veränderungen mit der Formensprache von Barock und Rokoko angebracht. Am deutlichsten sichtbar sind diese an der Nordfassade, die der italienisch-portuenser Barockmeister Nicolau Nasoni als Baumeister verantwortet, der auch den Torre und die Igreja dos Clérigos entworfen hat.

Das Innere der Kathedrale wirkt im Vergleich zu anderen Kirchen der Stadt vergleichsweise schlicht. Unbedingt sehenswert aber ist der mit Azulejos ausgekleidete Kreuzgang. Ein aus Bronze gefertigtes Basrelief zeigt die Taufe Christi durch Johannes den Täufer. Es stammt aus dem Atelier des örtlichen Star-Bildhauers António Teixeira Lopes.

Sinagoga Kadoorie
➡ nordwestl. A1
Rua de Guerra Junqueiro 340
Metro: Casa da Música, Bus 504
✆ 911 76 85 96
www.comunidade-israelita-porto.org, Eintritt € 5

Unweit des Cemitério de Agramonte steht die größte Synagoge der Iberischen Halbinsel. Als wichtige Hafenstadt war Porto einer der ersten Orte, an dem sich Juden dauerhaft niedergelassen haben. Im frühen Mittelalter lebten diese vorwiegend in den engen Gassen der Altstadt, ehe viele im 15. und 16. Jh. nach Flandern und in die Niederlande flohen. Im 17. und 18. Jh. erstarkte Portos Gemeinde im Stadtteil Boavista aufs Neue.

Hier steht auch die 1938 eröffnete Kadoorie-Synagoge, geistlicher und gesellschaftlicher Mittelpunkt für die heute rund 200 Köpfe zählende Gemeinde. Zur Anlage gehören neben zwei Gebetsräumen auch eine Mikwe, eine Bibliothek, ein Supermarkt sowie ein koscheres Restaurant für die Gemeindemitglieder. Das kleine Museum im ersten Stock präsentiert u.a. mit Dokumenten und Artefakten jüdische Kultur und Geschichte.

Teleférico de Gaia ➡ cA2–5
Calçada da Serra 143
Vila Nova de Gaia
Metro: Jardim do Morro
✆ 223 74 14 40
www.gaiacablecar.com
April–Sep. 10–20, sonst bis 18 Uhr
Ticket € 9/4,50 (Hin- und Rückfahrt) € 6/3 eine Strecke

Seit 2011 verbindet eine Seilbahn das Flussufer in Vila Nova de Gaia mit dem Oberdeck der Ponte Dom Luís I. auf derselben Seite des Flusses. Der Bau hat um die 10 Mio. Euro gekostet und wurde als umweltfreundliches Transportmittel angepriesen. Zwar können Anwohner eine 50er-Karte für

€ 32,50 erwerben, doch das Angebot wird kaum angenommen. In Wahrheit ist die Seilbahn bei den Einheimischen nicht sonderlich beliebt. Und tatsächlich ist sie ein erheblicher Einschnitt in die Silhouette von Vila Nova de Gaia, das ja keineswegs nur ein Anhängsel Portos ist, sondern eine Stadt mit ebenso langer wie stolzer Historie. Auch die Auslastung des Teleférico erfüllt die Erwartungen kaum. Das jedoch muss Neugierige nicht von der Fahrt abhalten, denn die Aussicht auf Porto lässt wenig zu wünschen übrig.

5 Torre und Igreja dos Clérigos

➡ aB2, E8/9

Rua de São Filipe de Nery 4050
Bus: 200, 202, 501 bis Jardim da Cordoaria; ✆ 22 014 54 89
www.torredosclerigos.pt
Tägl. 9–19 Uhr
Eintritt € 6,50 (Turm, Kirche und Museum), € 5 (Turm und Museum), € 5/Kinder unter 10 Jahren frei Turm (abends, wenn in der Saison geöffnet 7–23 Uhr)

Der höchste Kirchturm Portugals befindet sich auf einem der höchsten Hügel Portos. So ragt die Torre dos Clérigos weit über die anderen Bauten der Stadt hinaus, wobei er den Campaniles Norditaliens ähnelt. Das ist kein Zufall, denn der Turm und die angrenzende Igreja dos Clérigos wurden im 18. Jh. vom italienischen Architekten Nicolau Nasoni entworfen. Der Turm ist 75,60 m hoch. Um auf die Aussichtsplattform zu gelangen, müssen Besucher 240 Treppenstufen überwinden. Für einen Aufzug ist in der grazilen Konstruktion kein Platz. Wer es bis nach oben geschafft hat, kommt in den Genuss eines Panoramaausblicks über die Stadt.

Die Kirche gilt mit ihrem elliptischen Grundriss und den stark akzentuierten Ornamenten als Musterbeispiel für den portugiesischen Barock. In dem aufwendig restaurierten Bauwerk befindet sich ein kleines Museum mit Sakralkunst, Malerei und Goldschmiedearbeiten vom 13. bis 20. Jh. Der Turm ist neuerdings auch abends geöffnet. ■

Blaue Stunde in der Altstadt mit Blick zu Torre und Igreja dos Clérigos

Übernachten

Die Übernachtungsmöglichkeiten haben in den zurückliegenden Jahren enorm zugenommen. Die vielleicht schönste Methode Porto kennenzulernen, ist die Buchung eines Apartments in der City, wie sie Plattformen wie Airbnb anbieten. Dabei aber gilt es zu berücksichtigen, dass diese Variante zwar für Touristen attraktiv ist. Gleichzeitig aber hat die zunehmende Verwendung von Apartments für diesen Zweck zur Folge, dass die Preise steigen und der Wohnungsmarkt für die Einheimischen in der historischen Altstadt immer angespannter wird. Viele Portuenser stehen Airbnb und ähnlichen Portalen denn auch sehr kritisch gegenüber. So bleibt es eine Gewissensentscheidung, ob man diese Effekte weiter beschleunigt oder lieber die traditionelle Hotellerie unterstützt, die in allen Komfortstufen zum Verweilen in Porto einlädt. Die meisten Luxushotels allerdings nehmen mehr Platz ein und liegen daher außerhalb der Altstadt.

Die folgenden Preiskategorien gelten für eine Übernachtung im Doppelzimmer:

€ – unter 50 Euro
€€ – 50 bis 80 Euro
€€€ – 80 bis 140 Euro
€€€€ – über 140 Euro

Flores Village Hotel and Spa
➡ F9
Rua das Flores 139
Metro: São Bento
✆ 222 01 34 78
www.floresvillage.com
Diskreter Komfort in einem Stadtpalais aus dem 18. Jh. Die Lage in der Rua das Flores ist nicht nur zentral, sondern auch ruhig, da es sich um eine Fußgängerzone handelt. So kann die Aufmerksamkeit ganz dem Gekreische der Möwen gelten, die über Porto kreisen. Die Zimmer haben fast alle einen schönen Ausblick auf die Altstadt und die umliegenden Gärten. Zum Haus gehört ein Spa mit römischem Bad. €€€€

Pestana Palácio do Freixo
➡ G16
Estrada Nacional 108
✆ 225 31 10 00
www.pestanaporto.com
Dieses vornehme Domizil befindet sich einige Kilometer flussaufwärts in der schillernden Kombination zweier Gebäude: Das eine ist ein Barockpalast aus dem 18. Jh., der von Nicolau Nasoni gestaltet wurde, das andere eine stillgelegte Mehlfabrik. Die Zimmer sind auf beide Gebäude verteilt und zeugen vom eher altmodischen Luxusverständnis der staatlichen Pousadas. Ein Shuttle-Service ermöglicht Gäste den Transfer ins Stadtzentrum. €€€€

The Yeatman ➡ cC3
Rua do Choupelo (Santa Marinha)
Vila Nova de Gaia
Metro: Jardim de Morro
✆ 220 13 31 00
www.theyeatman.com
Das erste Haus am Platz liegt hoch oben auf dem Hügel in Vila Nova de Gaia. Aufgrund seiner Bauweise bietet es den einzigartigen Vorzug, dass die Gäste von ihren Terrassen frontal auf die Altstadt Portos blicken. Die Zimmer sind großzügig bemessen und traditionsbewusst eingerichtet. Zum Haus gehört auch das gleichnamige Restaurant, das mit zwei Michelin-Sternen dekoriert ist. €€€€

1872 River House ➡ H8
Rua do Infante Dom Henrique 133
Metro: São Bento

Von den Terrassen des Hotels The Yeatman haben Gäste einen fantastischen Ausblick auf die Altstadt Portos

✆ 961 17 28 05
www.1872riverhouse.com
Es sind nicht viele, doch es gibt sie, die charmanten Hotels, die sich in der Altstadt am Ufer des Douro in hübschen Häusern einquartiert haben. Dieses stellt rustikalen Steinmauern eine moderne Einrichtung gegenüber. Außerdem punktet es mit einem umfangreichen Frühstück, das ganztägig serviert wird. **€€€–€€€€**

NH Collection Porto ➡ E12
Praça da Batalha 60–65
Metro: São Bento
✆ 227 66 06 00
www.nh-collection.com
Von den Hotels der großen Ketten ist dies das vielleicht schönste: In einem 300 Jahre alten Stadtpalais stehen den Gästen zeitgemäß eingerichtete Zimmer zur Verfügung. Die Gemächer in der vierten Etage verfügen über kleine Terrassen. Auch die Lage an der Praça da Batalha ist sehr gut: Von hier aus sind es weniger als 100 m bis zum Obergeschoss der Ponte Dom Luís I. **€€€–€€€€**

Rosa et al Townhouse ➡ C6
Rua do Rosário 233
Metro: Lapa
✆ 916 00 00 81, www.rosaetal.pt
Dieses Boutique-Hotel macht aus seinen Designambitionen keinen Hehl: Die sechs Zimmer sind stilsicher und komfortabel eingerichtet. Das Interieur beweist viel Sinn fürs Detail. Wer mag, kann sich im Zimmer massieren lassen. Als wäre das noch nicht genug: Das Bed & Breakfast wird hier als Bed & Brunch ausgelegt. **€€€–€€€€**

Fénix Ipanema Park
➡ westl. B/C1
Rua de Serralves 124
Bus: 500
✆ 225 32 2121
www.hfhotels.com
Auf halbem Weg von der Altstadt zum Strand von Foz gelegen, eignet sich dieses Fünfsternehotel für die Kombination von Stadt- und Badeurlaub. Wer mag, kann die anfallenden Kilometer mit Leihfahrrädern zurücklegen. Die Zimmer sind schick und modern. Der größte Pluspunkt aber dürften der Swimmingpool und die Bar auf dem Dach sein. Der Ausblick ist sensationell. Für Gäste gibt es einen Shuttlebus. **€€€**

Casa dos Guindais ➡ G11
Rua Arnaldo Gama 72
Metro: São Bento
✆ 916 12 11 45

Familiär und gemütlich: Mercador Guest House

www.guindaisbooking.com
Wunderbare Unterkunft mit fünf Zimmern in einem entkernten Stadthaus. Die Steinwände verbreiten ein rustikales Ambiente, die kleine mit Portwein gefüllte Karaffe steht für Herzlichkeit. Der geschmackvolle Garten steht der Allgemeinheit zur Verfügung. Bis zur Escada dos Guindais sind es nur wenige Schritte – und damit auch zu einem der urtümlichsten Viertel der Stadt. €€–€€€

Casa dos Lóios Shiadu ➡ F10
Rua das Flores 245
Metro: São Bento
✆ 914 17 69 69
www.shiadu.com
Schicke Pension im ehemaligen Haus eines Textilfabrikanten, das die kleine portugiesische Kette Shiadu betreibt. Die Lage in der autobefreiten Rua das Flores ist auch strategisch günstig – bis zu den wichtigsten Attraktionen sind es nur wenige Minuten. Die Zimmer sorgen mit neobarocken Spielereien für heitere Stimmung. €€–€€€

Mercador Guest House ➡ C5
Rua Miguel Bombarda 382
Metro: Aliados
✆ 911 05 97 55
www.porto.mercador.com.pt
Diese familiäre Unterkunft verfügt über sieben Zimmer und befindet sich in einer der angesagtesten Straßen Portos. Die Räume sind einfach aber geschmackvoll eingerichtet. Dabei wurden Motive aus Goa, Macau und anderen Orten verwendet, die allesamt einen Bezug zu Portugal besitzen. Im Gemeinschaftsraum stehen Kekse und Tee bereit, ein kleines, aber gutes Frühstück ist im Preis inbegriffen. €€–€€€

Pensao Favorita ➡ C5
Rua Miguel Bombarda 267
Metro: Aliados
✆ 220 13 41 57
www.pensaofavorita.pt
Sympathische Pension mit zwölf einfachen, aber geräumigen und geschmackvoll eingerichteten

Terrasse der Pension Casa dos Lóios Shiadu

Zimmern. Das Haus verfügt über einen hübschen Garten und liegt in Portos Galerienstraße. Entsprechend hip ist auch das Publikum. Ein besonderes Flair haben die Zimmer mit Dachschräge. €€–€€€

Porto Vintage Guesthouse
➡ B10
Rua do Almada 580–584
Metro: Trindade
✆ 916 05 25 29
www.portovintageguesthouse.pt
Wenn die Enkelin das Wohnhaus des Großvaters in ein Hotel umbaut, kann dies zu schönen Ergebnissen führen. Der beste Beweis ist diese kleine Unterkunft mit sechs Zimmern, die mit viel Stilbewusstsein aber dennoch einfach eingerichtet sind. Fast alle Gegenstände und Gebrauchsgüter stammen aus Nordportugal – so hat der Gast direkt das Gefühl, dazu zu gehören. €€–€€€

The Artist Porto Hotel & Bistro
➡ B14
Rua da Firmeza 49
Metro: 24 do Agosto
✆ 220 13 27 00
www.shotels.pt
Das bunte Boutique-Hotel mit 17 Zimmern wird zu einem guten Teil von Besuchern der benachbarten Tourismusschule geführt. Die Zimmer sind farbenfroh, geschmackvoll und geräumig. Das angeschlossene Restaurant serviert feine Überraschungsmenüs mit kleinen Portionen. Auch die Lage und die recht günstigen Preise sprechen für dieses Hotel. €€–€€€

Vila Galé ➡ C15
Avenida Fernão de Magalhães 7
Metro: 24 do Agosto
✆ 225 19 18 00
www.vilagale.com
Das Hotel muss mit der undankbaren Tatsache zurechtkommen, in einem brachialen Hochhaus untergebracht zu sein. Den mangelnden Charme der Umgebung versuchen Personal und Management mit Freundlichkeit wettzumachen: in der Lobby gibt es manchmal Fado und die Gäste bekommen Äpfel aufs Zimmer gebracht. Ein weiterer Pluspunkt sind der Pool und ein voll eingerichtetes Fitness-Studio. €€–€€€

Porto Vintage Guesthouse

Golden Tulip Porto Gaia
Rua da Bélgica 86
Praia de Lavadores
Vila Nova de Gaia
✆ 227 72 74 00
goldentulipportogaia.com
Dieses Hotel befindet sich in nur wenigen Metern Entfernung zum Atlantikstrand an der Mündung des Douro. Die Zimmer sind eher unauffällig eingerichtet, dafür lockt das Haus mit einem Pool und eigenem Wellnessbereich. €€

Gallery Hostel ➡ C5
Rua Miguel Bombarda 222
Metro: Aliados
✆ 224 96 43 13
www.gallery-hostel.com
Dieses ambitionierte Hostel bietet Zimmer für zwei bis sechs Personen an. Die Einrichtung ist jeweils einem Künstler aus der Stadt gewidmet. Zum Haus gehören eine Bibliothek, ein Kino sowie eine Terrasse mit Solarpanelen. Wie viele andere Details dient auch diese dem Nachhaltigkeitsgedanken. Ein Wohlfühlort zu kleinem Preis. €–€€ ■

Essen und Trinken
Restaurants, Portweinkellereien und Cafés

Die Portugiesen sind ein Volk der Genießer. Dabei ist die landeseigene Küche durchaus deftig. Das Frühstück beschränkt sich getreu südeuropäischer Gepflogenheiten auf starken Kaffee und ein wenig Süßgebäck. Die berühmten **Pasteis de Nata** (ein Puddingtörtchen in einer Blätterteigform) stammen zwar aus Belém bei Lissabon, werden jedoch auch von so gut wie jeder Bäckerei in Porto angeboten. Der Mittag ist in den Restaurants der Stadt sehr betriebsam. Wer keine Eile hat, lässt sich am frühen Nachmittag an den Tischen nieder, um Stockfischpasteten, Schinkenplatten, Oliven und Brot zu konsumieren. Dazu verachtet der Portugiese keineswegs ein Gläschen **Vinho Verde**. Der Weißwein ist alkoholarm und der Konsum bedeutet nicht automatisch das Ende aller Tagespläne.

Beim Abendessen hat sich in der jüngeren Vergangenheit eine doppelte Vergabe der Tische etabliert: Die erste Schicht kommt zwischen 19 und 20 Uhr. Sie besteht überwiegend aus Touristen. Die Portugiesen ziehen es vor, erst ab 21.30 Uhr zu dinieren. Dabei schrecken sie nicht vor deftigen Gerichten zurück. Berühmt-berüchtigt ist die **Francesinha**. Das mächtige Sandwich ist mit diversen Wurst-, Schinken- und Käsesorten belegt und wird mit würziger Sauce und anderen Beilagen serviert. Weitere Spezialitäten sind **Bacalhau** (Stockfisch) und **Sardinen.**

Während mittags der **Weißwein** aus dem Norden dominiert, laben sich die Einheimischen am Abend gerne an den schweren **Douro-Weinen**. Bei besonderen Gelegenheiten gibt es zum Aperitif verschiedenen **Portwein**-Varianten, ihrem wichtigsten Beitrag zur kulinarischen Weltgeschichte. Das portugiesische Industriebier ist nicht schlecht, wobei das **Superbock** in Porto hergestellt wird. Wer sucht, findet vielerorts inzwischen auch in kleinen Mengen gebrautes **Craft-Bier**.

Der Besuch von Restaurants gehört zu den größten Vergnügen in Porto. Dabei ist die Qualität in der Regel gut bis sehr gut, der Service freundlich und das Preis-Leistungsverhältnis deutlich besser als daheim. Bei Restaurants in Premiumlagen der **Ribeira** oder am Flussufer in **Vila Nova de Gaia** ist die Gefahr größer, dass es sich um Renditeobjekte handelt, als bei eigentümergeführten Restaurants abseits der ausgetretenen Pfade. Außerhalb der Altstadt finden Sie die meisten Lokale in den angesagten Straßen **westlich der Avenida dos Aliados**.

Die Preiskategorien beziehen sich auf ein Hauptgericht ohne Getränk:

€ – unter 8 Euro
€€ – 8 bis 15 Euro
€€€ – 15 bis 25 Euro
€€€€ – über 25 Euro

Restaurants

Ribeira und Umgebung:

DOP ➡ G8
Palácio das Artes
Largo de São Domingos 18
✆ 222 01 43 13
www.doprestaurante.pt
Mo–Fr 12.30–15, Mo–Sa 19–23 Uhr

Der in Porto geborene Chefkoch Rui Paula interpretiert im repräsentativen Palácio das Artes die klassische Küche seiner Heimat auf neue Weise. Zu den Spezialitäten gehören Kabeljau und Milchzicklein. €€€€

LSD ➡ G8
Largo de São Domingos 78
✆ 910 29 85 89
Mo–Do 10–23, Fr/Sa bis 24 Uhr
Stets wechselnde kreative Küche in gediegenem Ambiente. Der Name des Spitzenlokals ist die gängige Abkürzung der Straße. €€€–€€€€

RIB Beef & Wine ➡ H9
Praça da Ribeira 1
✆ 966 27 38 22, www.rib.pt
Tägl. 12.30–15.30, 19.30–22.30 Uhr
In prominenter Lage wird hier die Leidenschaft für Fleisch mit Herkunftsbezeichnung und passende Weine kultiviert. €€€–€€€€

Puro 4050 ➡ G8
Largo São Domingos 84
✆ 222 01 18 52
www.puro4050.com
Mo–Sa 12.30–15, 18.30–22.30, Fr/Sa bis 23 Uhr Uhr
Bei diesem angesagten Italiener steht der Mozzarella Kampaniens im Fokus, in den Pasta-Gerichten wie den Risottos. In Nachtischkompositionen wie Tiramisu fließt auch gerne mal ein Tropfen Portwein. €€–€€€

Adega São Nicolau ➡ H8
Rua de São Nicolau 1
✆ 222 00 82 32
Mo–Sa 12–23 Uhr
Traditionelle portugiesische Küche mit Gerichten wie Stockfisch, gegrilltem Oktopus und flambierter Blutwurst aus der Region. Gemütliches Gewölbe und gute Weinkarte. Kleine Terrasse in der Gasse vor der Tür. €€

Cantina 32 ➡ F9
Rua das Flores 32
✆ 222 03 90 69
www.cantina32.com
Mo–Sa 12.30–15, 18.30–22.30 Uhr
Thunfisch in Sesamkruste mit Chutney oder Entenleberterrine mit Kompott im Weckglas. Dazu Oliven, Brot, eine Käseplatte und eine Flasche Wein vom lokalen Starwinzer Dirk van de Niepoort – und fertig ist die moderne portugiesische Mahlzeit. Beliebtes etwas schrulliges Ambiente. €€

Taberna do Largo ➡ G8
Largo de Santo Domingos 69
✆ 222 08 21 54
Di–Do 17–24, Fr 17–1, Sa 12–1

Restaurants an der Ribeira bieten den besten Blick auf den Douro

So 12–24 Uhr
Regionales vom Besten – Oliven, Käse, Blutwurst, Schinken, Salami etc. Dazu gibt es ausgesuchte Weine. €–€€

Mercearia das Flores ➡ F9
Rua das Flores 110
✆ 222 08 32 32
www.merceariadasflores.com
Mo–Sa 10.30–22, So 12–20 Uhr
Feinkostladen plus Restaurant! Die Plätze draußen in der Fußgängerzone sind begehrt. Besonders lecker: das getoastete Brot mit scharfen Sardinen. €

Baixa/Aliados:

Euskalduna Studio ➡ D14
Rua de Santo Ildefonso 404
Metro: 24 de Agosto
✆ 935 33 53 01
www.euskaldunastudio.pt
Mi–Sa ab 19.30/20.30 Uhr
Der Chefkoch dieses Lokals mit nur 16 Plätzen hat im Baskenland gelernt und übersetzt die dortige Cuisine ins Portugiesische. Aufgetischt wird ein saisonal wechselndes Zehngangmenü. €€€€

Ostras & Coisas ➡ D9
Rua da Fábrica 73
Metro: Aliados
✆ 223 28 05 27
www.ostrasecoisas.pt
Di–Do 18–23, Fr/Sa 12–0, So 12–23 Uhr

Alles andere als »grausam«: Donut-Kuchen mit Wasibi-Mayo und püriertem Lachs im Cruel

Frischer Fisch und Meeresfrüchte, die der Gast aus der Vitrine auswählt. Tapas, Suppen oder Hauptgänge zu moderaten Preisen. Gute Weinauswahl und freundlicher Service. €€–€€€

Mito ➡ C9
Rua de José Falcão 183
Metro: Aliados
✆ 222 08 10 59
Mo–Do 12.30–15 und 19.30–23, Fr/Sa 12.30–1 Uhr
Heiß, kalt, gegrillt und süß: Das sind die vier Optionen, die Küchenchef Pedro Braga in seinem ersten eigenen Restaurant anbietet. Auf der Karte stehen moderne Fusion-Gerichte, die zum Teilen mit Freunden gedacht sind. €€–€€€

Cruel ➡ C9
Rua da Picaria 86
Metro: Aliados
✆ 222 01 03 26, www.cruel.pt
Tägl. 19.30–23-30, Fr/Sa bis 0.30, Sa/So auch 13–15 Uhr
Die Karte ist in drei Kategorien eingeteilt, von ängstlich (*medroso*) über vorsichtig (*cauteloso*) bis zu grausam (*cruel*). Kein Grund zur Panik: Selbst die Elefantenohren mit Reis entpuppen sich als überdimensionierte Schnitzel. €€

Flor dos Congragados ➡ D10
Travessa dos Congregados 11
Metro: São Bento
✆ 222 00 28 22
www.flordoscongregados.pt
Mo–Do 19–22, Fr/Sa, 19–23, Do–Sa auch 12–15 Uhr
Slow Food in dicken Gemäuern. Spezialität des Hauses: ein delikates Sandwich mit langsam gegartem Schweinefleisch, Schinken und Käse. Kenner trinken dazu roten Sekt aus dem Bairrada, einem Anbaugebiet zwischen Porto und Coimbra. €€

Restaurante Pedro Limão ➡ E14
Rua Morgado Mateus 49

Metro: 24 do Agosto
✆ 966 45 45 99
Mo–Sa 19.30–23.30 Uhr
Kreative Gerichte, die Küchenchef Pedro Limão je nach Tagesangebot komponiert. Das Probiermenü ist mit € 32 recht preiswert. €€

Brick Clérigos ➡ E8
Rua Campo Mártires da Pátria 103
Bus: 200, 202, 501
✆ 223 23 47 35, Di–Fr 12–16, Sa 13–16 und Di–Sa 19.30–23.30 Uhr
Populäre und betont gesunde Küche: Salate, Wraps und Sandwiches, die die Gäste an einem großen Tisch verspeisen können.
€–€€

Café Santiago ➡ E12
Rua Passos Manuel 226
Metro: São Bento
✆ 222 05 57 97
www.cafesantiago.pt
Mo–Sa 12–23 Uhr
Die Francesinha, die als eine der besten in Porto gilt, enthält nicht weniger als zwölf wichtige Zutaten. Am späten Abend nur in Kombination mit Verdauungsbeschleunigern zu empfehlen. €–€€

Capa Negra II ➡ B2
Rua Campo Alegre 191
Bus: 207 bis Rua do Campo Alegre
✆ 226 07 83 80
www.capanegra.com
Tägl. 12–1 Uhr
Die simple Gaststätte, ein Treffpunkt zum Biertrinken und Fußballgucken, ist für ihre legendäre Francesinha mit Sauce aus einem Schellfischsud bekannt. €–€€

Casa Portuguesa do Pastel de Bacalhau ➡ E8
Rua Campo dos Mártires da Pátria 108; Bus: 200, 202, 501
✆ 916 48 79 15
www.pasteisdebacalhau.com
Tägl. 10–22 Uhr
Klöße, Frikadellen, Bällchen oder Pasteten – die Füllung der lan-

Francesinha, die »kleine Französin« wird als Sandwichkreation in vielen Gaststätten Portos serviert

destypischen Stockfischprodukte wird hier mit würzigen Käse angereichert. Dazu gibt es ein Glas weißen Portwein. €–€€

A Loja dos Pastéis de Chaves ➡ B12
Rua da Firmeza 476
Metro: Bolhão, ✆ 222 08 70 91
www.alojadospasteisdechaves.pt
Tägl. 9–20 Uhr
Täglich frisch angeliefert: die Blätterteigpasteten nach streng geheimer Rezeptur aus dem nordportugiesischen Chaves. Die herzhaften Varianten mit Hühnerfrikassee sind ebenso köstlich wie die süßen mit Schokolade. €

Bolhão Wine House ➡ C12
Im Bolhão Markt; Metro: Bolhão; Markt zeitweise wegen Renovierung geschl. (vgl. S. 65)
Die Stände der Händler in Portos Traditionsmarkt dürfen weder an Dritte vererbt noch umfunktioniert werden. Nur für diesen kleinen Laden wurde eine Ausnahme gemacht. Zu handverpackten Sardinen, Bio-Olivenöl und edelsüßem Muskatwein gibt es rustikale Schwätzchen und von der Mutter hergestellte Backwaren. €

Bufete Fase ➡ A13
Rua Santa Catarina 1147
Metro: Faria Guimarães
✆ 222 05 21 18
Mo–Fr 12–16, 18.30–21.30 Uhr
Ein Schnellrestaurant, das ausschließlich Francesinhas serviert:

Fisch und Oliven sind beliebte Zutaten der portugiesischen Küche

Ein mit Fleisch, Wurst und Käse belegtes Sandwich, das mit einer pikanten Sauce und wahlweise mit Fritten gereicht wird. Eine Institution. Keine Kreditkarten. €

Casa Guedes ➡ E12
Praça Poveiros 130
Metro: São Bento
✆ 222 00 28 74, Mo–Sa 10–22 Uhr
Dieser legendäre Imbiss hat sich auf Sandwiches mit langsam gegartem Schweinefleisch spezialisiert. €

Comme Ça ➡ C9
Rua José Falcão 199
Metro: Aliados
✆ 222 03 30 98, www.restaurantecommeca.wordpress.com
Tägl. 12–15 und 19–23 Uhr
Üppig portionierte und preiswerte Traditionsküche (z.B. Fasan mit Rotkohl) in einem mit wunderschönen Fliesen verzierten Haus. Paare sitzen am schönsten an einem umfunktionierten Ofen portioniert und die Gerichte gibt es nur für zwei Personen. €

Petisceria Santo António ➡ E8
Rua da Assunção 40
Metro: São Bento
✆ 938 70 46 32
Mo–Sa 12.30–24 Uhr
Geschnetzeltes, Frischkäse mit Kürbissauce und weitere deftige Gerichte, von atemlosen Kellnern in meist hoher Geschwindigkeit serviert. Die Plätze vor der Tür werden meist schnell wieder geräumt, wenn auf der Hügelkuppe ein strammer Wind weht. €

Boavista:

Mercado Bom Successo
➡ nördl. A2
Praça Bom Sucesso 74–90
Metro: Casa da Música
✆ 226 05 66 10
www.mercadobomsucesso.pt
Tägl. 10–23, Sa/So bis 24 Uhr
Weder Markt, noch Restaurant. Viel mehr verbirgt sich in der aus den 1940er Jahren stammenden Halle das, was die Amerikaner einen Food Court nennen. Hier gibt es von leckeren Entenkammmuscheln (*percebes*) über Eis bis hin zu Craft Beer alles, was der urbane Genießer am Abend braucht. €–€€€

Berry ➡ nördl. A3
Rua Júlio Dinis 829
Metro: Casa da Música
✆ 910 99 66 35, www.berrynice.pt
Mo–Fr 9–18, Sa 11–15 Uhr
Frisch, bio und gesund: liebevoll belegte Sandwiches, Wraps, Früchtejoghurt oder auch hausgemachte Trüffel mit Ingwer. Mit kleiner Terrasse. €

Vila Nova de Gaia:

The Blini ➡ cB4
Rua do General Torres 344, Vila Nova de Gaia
Metro: Jardim do Morro
✆ 224 05 53 06
www.theblini.com
Di 12–15, Mi–Sa 12–15, 17–24 Uhr
Das Fischrestaurant ist mit Michelin-Stern bietet herrlichen Douro-Blick. Zu den Menüs reicht das Haus am liebsten aufwendig gemixte Cocktails, preiswerter bei der Happy Hour (17–19 Uhr). €€€€

The Yeatman ➡ cC3
Rua do Choupelo (Santa Marinha), Vila Nova de Gaia
Metro: Jardim do Morro
✆ 220 13 31 00
www.theyeatman.com
Tägl. 12.30–15, 19.30–23 Uhr

Chefkoch Ricardo Costa hat seit 2016 zwei Michelin-Sterne. Die kreativ zusammengestellten und ungemein präzise arrangierten Gerichte sind Genuss und Augenweide zugleich. Reservierung empfohlen. €€€€

Vinum ➡ westl. cB1
Grahams Port Lodge
Rua do Agro 141, Vila Nova de Gaia; Metro: Jardim do Morro
✆ 220 93 04 17
www.vinumatgrahams.com
Tägl. 10.30–16 und 19.30–24 Uhr
Dieses Restaurant zur Taylor's-Gruppe betreibt Denkmalpflege für gegrillten Fisch aus dem Hafen von Matosinhos, die deftige Wurst Alheira, Samosas und andere Traditionsgerichte. Großartiger Ausblick auf Porto. €€€

Restaurante Bacalhoeiro ➡ cA3
Avenida de Diogo Leite 74, Vila Nova de Gaia
Bus 906, 900, 901, z. B. ab Aliados
✆ 223 75 94 08
Tägl. 12–23 Uhr
Stockfisch bzw. Kabeljau in allen erdenklichen Varianten. Das Lokal ist schlicht, hat aber eine Terrasse mit gutem Blick auf die Altstadt. €€

Außerhalb:

Antiqvvm ➡ D2
Rua de Entre-Quintas 220
Bus: 201, 208, 302 bis Palácio de Cristal
✆ 226 00 04 45, www.antiqvvm.pt
Di–So 12–24, So bis 15 Uhr
Exklusiv und neben dem Museu Romântico. Der Blick vom Hügelrücken bis zur Douro-Mündung findet in kulinarischen Höhenflügen seine Fortsetzung. €€€€

Esplanada Marisqueira »A Antiga« ➡ bB2
Rua Roberto Ivens 628, Matosinhos; Metro: Matosinhos Sul
✆ 229 38 06 60
www.esplanadamarisqueira.com
Tägl. 12–24, Fr/Sa bis 1 Uhr
Die edle Variante der Fisch- und Meeresfrüchterestaurants von Matosinhos hat alle lokalen Fische fangfrisch im Angebot. Nicht sonderlich hübsch anzusehen, aber eine Delikatesse: Entenkammmuscheln *(percebes)*.
€€€–€€€€

Terminal 4450 ➡ bB2
Avenida Antunes Guimarães, Leça da Palmeira
Metro: Mercado
✆ 229 95 40 20
www.terminal4450.pt
Di–So 12.30–15 und 19.30–23.30, Fr/Sa bis 0.30 Uhr
Die Küche konzentriert sich auf hochwertiges Fleisch. Auch die Cocktails können sich sehen lassen. Die Deko hat einige Motive einer Abflugshalle aufgenommen.
€€€–€€€€

Ammar ➡ bB2
Rua de Fuzelhas 5
Leça da Palmeira
Metro: Mercado
✆ 229 95 82 41
www.ammar.pt
Di–Fr 12.30–23, Sa 15–24, So 13–18 Uhr
Der Clou des Restaurants an der Hafeneinfahrt in Leça da Palmeira ist ein Ei mit einer Betonschale, das Gäste als Separee mit Meeresblick mieten können. Auf den Tisch kommen veredelte Versio-

Sternekoch Ricardo Costa aus dem Restaurant The Yeatman

Sardinen

In Porto Kult: Sardinenbüchsen in nostalgischem Design

Oftmals wird den Portugiesen nachgesagt, ihre Liebe zum Stockfisch sei grenzenlos. Das mag sein. Doch wenn es um die Bestimmung eines Nationalfischs geht, dürfte die Sardine den Vorzug erhalten. In Matosinhos liegen die kleinen Fische aus der Familie der Heringe auf den Grills vor den Restaurants und verbreiten einen unverwechselbaren Duft. Und in Feinkostgeschäften stehen sie als Inhalt farbenfroher Konservendosen zum Verkauf, mit Bio-Öl, Tomatensauce oder scharfen Chilis, manchmal handgefangen. Es kommt sogar vor, dass Fischdosen mit Geburtsjahrgängen verkauft werden. Dabei geht es nicht um das Alter der Sardinen, sondern um den Geburtsjahrgang des zu Beschenkenden. Mit anderen Worten: Die Sardine wird weithin geschätzt, doch sie steht auch im Mittelpunkt großer kommerzieller Bemühungen. Das konnte auf Dauer nicht ohne Folgen bleiben. So beklagte der in Dänemark ansässige International Council for the Exploration of the Sea (ICES) im Jahr 2017 eine Überfischung der Sardine und forderte zur Rettung der Spezies ein Fangverbot für die Dauer von 15 Jahren. Ausgang vorerst ungewiss. Fest steht jedoch, dass ein solches Moratorium mit einer ausgiebigen Trauerphase nicht nur portugiesischer Feinschmecker einhergehen würde.

nen nordportugiesischer Standards. €€–€€€

Cafeína
➡ bB2
Rua do Padrão 100, Foz do Douro
Tram: 1 bis Passeio Alegre
✆ 226 10 80 59
www.cafeina.pt
Tägl. 12.30–18 u. 19.30–24.30, Fr/Sa bis 1.30 Uhr
Moderne mediterrane Küche, die in einem behaglich eingerichteten, herrlich altmodischen Haus in zweiter Reihe in Strandnähe. €€

O Gaveto ➡ bB2
Rua Roberto Ivens 826
Matosinhos
Metro: Matosinhos Sul
✆ 229 37 87 96
www.ogaveto.com
Tägl. 12–1.30 Uhr
Die Meeresfrüchte und Fischgerichte gehören seit Generationen zum besten, was Matosinhos zu bieten hat. Angenehmes traditonelles Ambiente. €€

Restaurante de Peixe São Valentim ➡ bB2
Rua Heróis de França 335
Matosinhos
Metro: Matosinhos Sul
✆ 229 37 92 04
www.saovalentim.pt
Tägl. 12–22.30 Uhr
Volkstümliches Fischlokal in der Restaurantmeile. Spezialitäten sind Zackenbarsch und Dorade. Es wird vor dem Haus auf dem Bordstein gegrillt. Weine Portugals bedeutenden Anbaugebieten. €€

Taberna Cais das Pedras ➡ E2
Rue de Monchique 65–68
2 km außerhalb der Altstadt Richtung Foz, Tram: 1
✆ 913 16 45 84
Di–So 14–2 Uhr

Die Taverne mit Terrasse und Flussblick serviert köstliche Kleinigkeiten. Die Tochter des Patrons ist eine bekannte Fado-Sängerin. Wer aus Sicht der Gastgeber nicht das richtige bestellt, wird auch gerne mal korrigiert – zum eigenen Vorteil. €–€€

Peebz ➡ bB2
Rua Senhora da Luz 448, Foz
Tram: 1 bis Passeio Alegre
✆ 226 10 40 04
Di–Sa 12–15, 19–22.45 Uhr
Hunger am Strand? In diesem Burger-Lokal bekommt man Brötchen auch mit vegetarischem Belag (oder mit Lachs). €

Portweinkellereien

Hier ein Gläschen zum Bacalhãu, dort ein Tröpfchen zur Veredelung vor dem Abendessen. Und im Zweifel oder wenn es heiß ist, geht auch eine erfrischende Variante mit Tonic-Wasser. An Weihnachten gehört ein Glas guten Portweins für die meisten Portugiesen zum Ritual. Wer sich wirklich für die Entstehungsgeschichte und Sortenvielfalt des Portweins interessiert, darf den Besuch eines Weinkellers in Vila Nova de Gaia nicht verpassen. Dazu geht man einfach von Porto aus zu Fuß über die Ponte Dom Luís I.

Burmester ➡ cA5
Avenida Diogo Leite 344
Vila Nova de Gaia
✆ 223 74 66 60
www.burmester.pt
April–Okt. 10–19 Uhr (sonst bis 18.30 Uhr), Eintritt € 12/6
Die seit 1750 vor Ort agierende Firma Burmester hat ihren Sitz direkt am Fuß der Ponte Dom Luís I. Die Tour allerdings ist bei vielen Konkurrenten besser.

Calem ➡ cA4
Avenida Diogo Leite 344
Vila Nova de Gaia
✆ 916 11 34 51
https://tour.calem.pt
Tägl. 10-19 Uhr, Eintritt € 13/6
Wer den kürzesten Weg zum Portweinglück sucht, ist bei der 1859 gegründeten Kellerei unweit der Ponte Dom Luís I. richtig. Im Angebot befindet sich neben Führung und Verkostung auch ein sogenanntes Food-Pairing.

Ferreira ➡ cA1
Avenida Ramos Pinto 70
Vila Nova de Gaia
✆ 223 74 61 07
www.sograpevinhos.pt
Tägl. 10–18 Uhr
Eintritt ab € 13

Gegründet von einem Schotten: die Portweinkellerei Sandeman

Kleines Einmaleins des Portweins

Echter Portwein kommt nur aus dem Douro-Tal

Lange haben die Briten ihren Rotwein fast ausschließlich aus Frankreich bezogen. Als sich die diplomatischen Beziehungen Ende des 17. Jahrhunderts verschlechterten, suchten Geschäftsleute aus dem Vereinigten Königreich in Portugal nach Alternativen. Zunächst stießen sie in der Hafenstadt Viana do Castelo auf einen frischen Wein mit hohem Säuregehalt, der den Namen Portugal Red trug, sich aber als weder transport- noch lagerfähig erwies.

Begeistert waren die Briten indessen von den Weinen aus dem Douro-Tal – schwere, aromatische Tropfen mit einem Alkoholgehalt von 16 bis 17 Prozent. Doch die für gut befundenen Weine stammten aus extrem heißen Sommern, was einen hohen Zuckergehalt in den Trauben bewirkt hatte, der bei der Vergärung zu Alkohol umgesetzt wurde. Die nächsten Jahrgänge allerdings fielen deutlich schwächer aus. Da wendeten die heimischen Winzer einen Kunstgriff an: Sie fügten dem Most nach einigen Tagen der Gärung hochprozentigen Alkohol zu. So konnten die Prozentwerte konsolidiert und sogar noch übertroffen werden.

Doch das aufgespritzte Getränk eignet sich nicht nur, um beschwipst zu werden. Die künstliche Ergänzung von Alkohol unterbricht den natürlichen Vergärungsprozess. Somit wird ein Teil des Zuckers nicht umgesetzt und der Wein behält eine erhebliche Restsüße.

Von dieser Ausgangsbasis hat sich ein vielfältiges Produkt entwickelt, das mittlerweile über eine mehr als 300-jährige Tradition verfügt und viele Spielarten entwickelt hat. Heute darf der Wein aus Porto einen exklusiven Platz in der Weinwelt beanspruchen.

Hauptumschlagplatz und Entwicklungszentrum zugleich ist Vila Nova de Gaia, wo fast alle namhaften Häuser ihre Keller haben. Hier wird der **Tawny Port** ausgebaut, der zwischen zehn und 40 Jahren in kleinen Fässern lagert, um eine bernsteinartige Farbe und karamellartige Aromen anzunehmen. Deutlich weniger intensiv ist der Verwandlungsprozess des kräftig roten **Ruby**, der nach zwei bis drei Jahren im großen Fass in der Flasche weiterreift. Unumstrittenes Spitzenprodukt bleibt der **Vintage Port**, der nach Gutdünken des Herstellers nur in besonderen Jahrgängen abgefüllt wird – und für den Kenner Sammlerpreise bezahlen.

Der weiße Port, anfangs ebenfalls nur mit süßlichem Aromaspektrum, wird seit 1934 auch in trockenen Varianten angeboten. Diesen Wein mixen die Portuenser neuerdings gerne mit Tonic, was als erfrischender Long Drink **Portonic** schwer angesagt ist.

Seit 1756 existieren festgeschriebene Qualitätskriterien für die Produktion des Portweins, der damit ein Vorläufer der heute weltweit geläufigen Domaine-Bezeichnungen war. Dabei war und ist die Vielfalt nicht nur wegen der unterschiedlichen Ausbauverfahren enorm, denn nicht weniger als 80 Rebsorten werden auf den 46 000 Hektar Anbaufläche im Douro-Tal kultiviert. Sie sind unterteilt in Rebsorten die »empfohlen«, »erlaubt« und »toleriert« werden. Die Portweinkunde ist eine Wissenschaft für sich – und ihre Heimatstadt Porto der perfekte Ort, um damit auf Tuchfühlung zu gehen.

Dieses Haus hat seit 1751 in der Geschichte des Portweins eine wegweisende Rolle gespielt. Dies ist maßgeblich auf Dona Antónia Adelaide Ferreira zurückzuführen, eine der wenigen weiblichen Protagonisten der Branche im 19. Jh. Der Rundgang führt durch beeindruckende Kellergewölbe mit kleinem Museum und endet mit einer Verkostung.

Graham's 1890 Lodge
➡ westl. cB1
Rua Rei Ramiro
Vila Nova de Gaia
✆ 223 77 64 84
www.grahamsportlodge.com
Tägl. 9.30–18.30 Uhr (im Winter bis 18 Uhr), Eintritt € 17
In den Kellern des Anwesens aus dem 19. Jh. lagern mehr als 2000 Eichenfässer. 2013 wurde kernsaniert. Seitdem sind Führungen aufgrund des großen Andrangs nur noch nach Reservierung möglich.

Sandeman ➡ cA3
Largo Miguel Bombarda 3
Vila Nova de Gaia
✆ 223 74 05 33
www.sandeman.com
Tägl. März–Okt. 10–12.30, 14–18, Nov.–Febr. 9.30–12.30, 14–17.30 Uhr, Eintritt € 13–40
Die geschichtsträchtige Kellerei mit der weithin sichtbaren Leuchtreklame ermöglicht wie die Konkurrenz auch einen Einstieg in die Portweinkunde. Anspruchsvolle Gaumen haben derweil Gelegenheit, bei einer Verkostung ausschließlich mehr als 100 Jahre alte Tawnys zu testen.

Taylor's ➡ cC3
Rua do Choupelo 250, Vila Nova de Gaia
✆ 223 74 28 00
www.taylor.pt
April–Nov. tägl. 10–19.30 (letzter Einlass 18 Uhr), sonst bis 18.30 (17) Uhr, Eintritt € 15/6
Der vielleicht bekannteste und einflussreichste Portweinproduzent lässt Besucher die geräumigen Keller auf einer leichten Anhöhe auf eigene Faust (mit Audioguide) erkunden. Es gibt auch Führungen. Ein kleines Museum vertieft die Erkenntnisse. Bei der Verkostung werden vier Weine gereicht, auf Wunsch auch im hauseigenen Rosengarten.

Cafés

Kaffee ist ein wichtiger Bestandteil des portugiesischen Alltags. Dementsprechend hoch entwickelt ist auch die Café-Kultur in Porto. Filterkaffee ist ein nahezu unbekanntes Getränk, denn die Bohnen werden in Profi-Maschinen zu einfachem *café* (der dem Espresso ähnelt), einem *pingo* (Espresso mit einem kleinen Häubchen aus aufgeschäumter Milch), *café com leite* (Milchkaffee) oder *galão* (entspricht ungefähr dem globalen Verständnis von einem Café Latte) verarbeitet. Generell sind die Preise so niedrig, als sei in der Verfassung ein Grundrecht auf Koffein festgeschrieben. Ein *café* ist oft schon für 50 oder 60 Cent zu haben.

Klassischer Begleiter zum Espresso: süße Pasteis de Natas

Café Base ➨ E8
Passeio dos Clérigos/Rua das Carmelitas
Metro: São Bento oder Bus 200, 202, 501
✆ 910 07 69 20
www.baseporto.com
Tägl. 10–2 Uhr
Unter freiem Himmel gibt es auf der Praça Lisboa zu sanfter elektronischer Musik diverse Kaffeesorten. Mit Blick auf die Olivenbäume des Dachgartens, die Livreria Lello oder den Torre dos Clérigos.

Café Candelabro ➨ C9
Rua da Conceição 3
Metro: Aliados
www.cafecandelabro.com
Mo–Fr 10.30–2, Sa 16–2, So 16–24 Uhr
Kombination aus Bibliothek und Café. Neben gutem Kaffee gibt es auch eine Terrasse, wo Portonic und die passende Grundlage aus Oliven, Käse und Brot gut schmecken.

Café Guarany ➨ D10
Avenida dos Aliados 85–89
Metro: Aliados
✆ 223 32 12 72
www.cafeguarany.com
Tägl. 9–24 Uhr
Ein Grand Café der alten Schule: Livrierte Kellner gewähren eine würdevolle Atmosphäre an Portos imposantestem Boulevard. Brasilianische Wandgemälde zeugen von gutem Geschmack und die Kaffeespezialitäten sind mit großer Sorgfalt zubereitet.

Café Majestic ➨ C12
Rua Santa Catarina 112
Metro: Bolhão
✆ 222 00 38 87
www.cafemajestic.com
Mo–Sa 9–23.30 Uhr

Auf den Spuren von Joanne K. Rowling in Porto

Joanne K. Rowling lebte zwei Jahre als Lehrerin in Porto

Zwischen 1991 und 1993 lebte und arbeitete eine junge Englischlehrerin in Porto. Diese aber hatte andere Träume, als nur ihre Muttersprache zu unterrichten: Joanne K. Rowling wollte Romanautorin werden – auch wenn sie noch keinerlei Vorstellung davon hatte, ob ihr der ehrgeizige Plan auch gelingen würde. Fest jedoch stand, dass die Britin im geschichtsträchtigen wie morbiden Porto viele Inspirationsquellen für fantasievolle Bücher fand. So ließ sie sich häufig im **Café Majestic** ➨ C12 nieder, um in dem opulenten Interieur aus der Belle Époque an den ersten Abenteuern eines jungen Helden zu feilen, der rund ein Jahrzehnt darauf für frischen Wind in der heimischen Literatur sorgte. Der Rest ist Geschichte – und Harry Potter eine weltweit bekannte Marke. Das Café Majestic belegt auf der Liste von Portos Potter-Pilgerstätten aber nur Rang zwei. Platz eins gehört der **Livreria Lello** ➨ E8 (vgl. S. 64), deren geschwungene Treppe mit roten Stufen als Blaupause für den Aufgang im Internat zu Hogwarts gilt. Parallelen dieser Art sind den Lesern der Romanreihe nicht verborgen geblieben und so stehen heute Heerscharen von Harry-Potter-Fans mit ihren Smartphones vor Orten, die dank Joanne K. Rowling zu Pilgerstätten der unwahrscheinlicheren Sorte geworden sind.

Im Café Majestic brachte J. K. Rowling ihren Zauberjungen zu Papier

Früher war dieses Kaffeehaus im Stil der Belle Époque einfach nur eines der schönsten auf der Iberischen Halbinsel. Heute ist es, weil Joanne K. Rowling hier ihre Harry-Potter-Reihe zu schreiben begonnen hat, oft überfüllt.

Café Piolho ➡ D8
Praça Parada Leitão 45
Metro: São Bento
✆ 222 00 37 49
www.cafepiolho.com
Mo–Sa 7–4 Uhr
Anders als weithin angenommen, ist nicht das Café Majestic das älteste der Stadt, sondern dieses unprätentiöse Lokal, das seine Gäste schon seit 1909 bewirtet. Es ist ein beliebter Treffpunkt der einheimischen Bohemiens. Und es verfügt – Kniefall vor der Vergangenheit – bis heute über sein eigenes kleines Tabakgeschäft.

Casa dos Bôlas de Lamego
➡ nördl. A2
Avenida da Boavista 577
Metro: Casa da Música
✆ 220 13 52 11
Di–So 10.30–19.30 Uhr
Selbstgemachtes Eis, gute Backwaren und starker Kaffee. Perfekt z. B. nach dem Besuch der Casa da Música gegenüber.

Confeitaria Petúlia ➡ A3
Rua Júlio Dinis 775
Metro: Casa da Música
www.petulia.pt
✆ 226 06 61 81
Tägl. 8–24 Uhr
Ein typisches portugiesisches Café: Große Süßwarenauswahl, vorzüglicher Kaffee, und warme Gerichte.

Leitaria da Quinta do Paço
➡ D8
Praça Guilherme Gomes Fernandes 47–51
✆ 222 08 46 96
www.leitariaquintadopaco.com
Tägl. 9–21 Uhr
Eine Milchbar? Genau! Alle Portuenser wissen, dass hier mit den hauseigenen Éclaires ein Lebenselixier angeboten wird. Auch das weitere Süßgebäck ist vorzüglich. Probieren: eine *bola de berlim*, die örtliche Interpretation des Berliners. ■

Nightlife

Das Epizentrum von Portos Nachtleben sind die Galerias. So werden in Anlehnung an die Galeria de Paris jene drei Straßen genannt, die kurz unterhalb der Hügelkuppe in Richtung Norden von der Rua das Carmelitas abzweigen. Vor allem an den Wochenenden entsprechen die Straßen dem allgemeinen Verständnis von einer Partymeile. Das aber bedeutet nicht zwangsläufig, dass sich hier auch die besten Bars, Kneipen und Clubs befinden. Diese sind weiter über das Stadtgebiet verteilt und strahlen eine charmante Abgeklärtheit aus. Obwohl junge Menschen gemäß eines ungeschriebenen iberischen Gesetzes erst deutlich nach Mitternacht ausgehen, hat man am frühen Abend die begehrten Plätze trotzdem nicht für sich, denn es gönnen sich immer reichlich Leute einen Sundowner und verweilen. Fado-Lokale sind in Porto eher die Ausnahme, denn die melancholische Musik kommt aus dem in Porto wenig beliebten Lissabon.

Aduela ➡ C8
Rua das Oliveiras 36
Metro: Aliados
✆ 222 08 43 98
Mo 15–2, Di–Sa 10–2, So 15–24 Uhr
Das frühere Warenhaus ist heute ein netter Treffpunkt, wo Freunde in Retro-Ambiente über ein Glas Wein gebeugt den neuesten Klatsch austauschen. Bei gutem Wetter lockt zudem eine schöne Terrasse mit Olivenbäumchen.

Bar Pherrugem ➡ C8
Rua des Oliveiras 83
Metro: Aliados
Tägl. außer Di ab 16 Uhr
Eine Institution in Portos Nachtleben: Diese kleine Bar ist bekannt für gute Musik aus den Genres Rock, Indie und Schwermetall. Weil es gemütlich ist und die Drinks zudem erschwinglich sind, kommen vor allem die Einheimischen immer wieder gerne.

Bonaparte ➡ bB2
Avenida do Brasil 130, Foz
Bus: 200, 500 Avenida do Brasil
✆ 226 18 84 04
Tägl. 17–2, Fr/Sa bis 3 Uhr
Populäre Kneipe in Strandnähe mit großem Bierangebot. Geht als

Abends auf dem Platz Largo de São Domingos

portugiesische Variante eines Irish Pub durch. Aus dem Zapfhahn fließt auch gutes Guinness.

BOP Café ➡ B12
Rua Firmeza 575
Metro: Trindade, Bolhão
www.bop.pt
Tägl. 11–1, Sa/So ab 10 Uhr
Dieses minimalistische Café ist ein Treffpunkt für Einheimische aller Altersklassen, die sich an Musik erfreuen: Das Regal hinter dem Tresen ist mit Schallplatten bestückt, die der Barkeeper nach Gusto auflegt. Aus der Küche kommen Tapas, Burger, Sandwiches und Co.

Brasão Cervejaria Coliseu ➡ E12
Rua de Passos Manuel 205
Metro: Bolhão
✆ 931 98 93 64, www.brasao.pt
Tägl. 12–15.30, 19–0, Sa/So bis 2 Uhr
Rustikales Brauhaus mit offenen Steinwänden, Fliesendekor, einem überwiegend einheimischen Publikum und deftigen Speisen.

Capela Incomum ➡ C7
Travessa do Carregal 77–81
Metro: Aliados
✆ 222 01 18 49
Mo–Sa 16–2 Uhr
Der Name dieses Etablissements bedeutet so viel wie »ungewöhnliche Kapelle« – und das könnte die Sache nicht besser treffen, denn es handelt sich um einen zur Kneipe umfunktionierten Gebetsraum, in dem der Altar noch an Ort und Stelle steht. Die Besucher kommen heute zur Verkostung überwiegend portugiesischer Weine.

Catraio Craft Beer Shop ➡ B7
Rua de Cedofeita 256
Metro: Aliados
✆ 934 36 00 70, https://catraio.pt
Di–Do 16–24, Fr/Sa 16–2 Uhr
Bärtige Männer mit Tätowierungen übernehmen die Weltherrschaft – zumindest, wenn es um handwerklich hergestellte Biere geht. In Porto entstand diese schummrige Bar mit Fachgeschäft. Das Bier fließt in Strömen aus den Zapfhähnen.

Altmodisch aber charmant: Bar Embaixada do Porto

Embaixada do Porto ➡ D8
Praça Carlos Alberto 121
Metro: Aliados
✆ 223 22 17 62
www.embaixadaporto.com
Tägl. 11–2, So 14–2 Uhr
Von außen ein modernistisches Bürohaus, von innen ein altmodischer Schuppen, der auch im Mittleren Westen der USA stehen könnte, da er alte Country Music, Polaroid-Fotos und ähnliche Souvenirs an die gute alte Zeit kultiviert. Diese Mischung kommt gut an. Für junge Portuenser ist der Laden eine der angesagtesten Adressen der Stadt. Abends wird getanzt und geraucht.

Era Uma Vez no Porto ➡ D8
Rua das Carmelitas 162
Metro: Aliados oder Bus: 202, 500
✆ 222 02 22 40
Mo–Sa 16–2, Do, Fr bis 4 Uhr
Der Eingang dieser Bar liegt versteckt in einem Kiosk links neben der Livreria Lello. Es lohnt sich unbedingt, die Treppe in den ersten Stock hinaufzugehen.

Die Craft-Beer-Brauerei Letra unterhält auch ein Lokal in Porto

Drinks und Musik sind prima, wer etwas Glück hat, ergattert einen der beiden Tische auf den Balkonen. Der Name bedeutet »Es war einmal in Porto«.

Guindalense Futebol Club
➡ G11
Escada dos Guindais
Metro: São Bento
✆222 03 42 46
Mo–Do 12–21.30, Fr 12–23, Sa 13.30–24 Uhr
Das Vereinslokal eines Fußballclubs in Portos vielleicht ursprünglichster Straße. Die Kneipe ist volkstümlich und besitzt einen Garten mit atemberaubender Aussicht auf die Ponte Dom Luís I. Drinks wie Bier und Kaffee kosten unter einem Euro.

The Gin House ➡ E9
Rua Cândido dos Reis 70
Metro: Aliados oder Bus: 202, 500, 501 bis Jardim da Cordoaria
✆ 222 03 30 62
Tägl. 19–2, Fr/Sa bis 4 Uhr
Der Name lässt wenig Zweifel an der Mission dieser Bar mit überwältigendem Angebot an Wacholderschnäpsen und Cocktailrezepturen. In lauen Nächten sind die Plätze im Freien begehrt.

Hot Five Jazz & Blues Club
➡ G11
Largo Actor Dias 51
Metro: São Bento
✆ 934 32 85 83
www.hotfive.pt
Mi–Sa 22–3 Uhr
Ein kleiner Club mit viel Live-Musik, wie er vor 90 Jahren in New York oder New Orleans keine Überraschung hervorgerufen hätte. In Porto erfreut er seit dem Jahr 2006 die Anhänger ehrwürdiger amerikanischer Klänge. Die obere Etage ist Rauchern vorbehalten.

Letraria ➡ D13
Rua da Alegria 101
Metro: Bolhão
✆ 939 34 80 69
www.cervejaletra.pt
Mo–Do 16–24, Fr/Sa 17–2, So 16–24 Uhr
Letra ist einer der ältesten Craft-Beer-Produzenten Portugals. Nun besitzt die Marke ihr eigenes Lokal im Nordosten der Innenstadt. Auf einer Tafel werden hier um die 25 Gerstensäfte angepriesen, teilweise zu Liebhaberpreisen. Der kleine Biergarten ist der letzte Schrei.

Plano B ➡ E9
Rua Cândido dos Reis 30
Metro: Aliados oder Bus: 200, 202, 501 bis Jardim da Cordoaria
✆ 222 01 25 00

www.planobporto.com
Mi–Sa 22–6 Uhr
Unten Tanzflächen, oben bequeme Sitzgelegenheit. So lässt es sich für jeden aushalten in diesem typischen Galerias-Club. An ausgesuchten Tagen legen renommierte DJs aus dem In- und Ausland auf.

Ponte Pênsil ➡ H10
Rua de Cima do Muro 14
Metro: São Bento
✆ 912 31 45 89
www.barpontepensil.com
Tägl. 9–2 Uhr
Früher war hier ein nobles Restaurant, nun buhlt eine Bar um Aufmerksamkeit. Diese belohnt ihre Gäste mit einer unvergleichlichen Aussicht auf die nahe Douro-Brücke. Dafür haben die Drinks ihren Preis.

Porto Tonico ➡ E9
Rua de Cândido dos Reis 96
Metro: Aliados
✆ 910 98 77 42
www.portotonico.pt
Tägl. 19–4, Fr/Sa bis 6 Uhr
Wer sich in Porto aufhält, aber im Herzen lieber auf Ibiza wäre, steuert diese Stadtdisco mit schickem Publikum an.

Sommerliche Cocktails versüßen das Nachtleben in Porto

Royal Cocktail Club ➡ D9
Rua da Fábrica 105
Metro: Aliados
✆ 222 05 91 23
Tägl. 19–2, Fr/Sa bis 4 Uhr
In diesem stilsicheren Etablissement mixt ein ausgebildeter Barkeeper klassische Cocktails für ein anspruchsvolles (und zahlungskräftiges) Publikum. Aus den Boxen ertönt Easy-Listening-Musik.

Zoom ➡ D11
Rua Passos Manuel 40
Metro: São Bento
✆ 916 55 81 04, Fr/Sa 0.30–6 Uhr
Populärer Club der etwas anderen Art in einer ehemaligen Lagerhalle mitten in der Stadt. Das ziemlich abgefahre Publikum setzt sich zu etwa gleichen Teilen aus Heteros und Mitgliedern der Schwulen und Lesbenszene zusammen. ■

Tagsüber tarnt sich das Plano B als Galerie, abends verwandelt es sich in eine Disco

Kultur und Unterhaltung

Portugiesisch gehört zu jenen Sprachen, die man wirklich beherrschen muss, um sich auch nur den geringsten Reim darauf machen zu können. Aufgrund der daraus erfolgenden Barriere scheiden für die meisten Besucher Theatervorstellungen aus. Auch besitzt Porto kein Opernhaus. So bietet sich für erhabenen Kulturgenuss an vorderster Stelle die Casa da Música an, die gleich drei Ensembles beherbergt. Bei Konzerten anderer Art ist das Angebot nicht minder groß. Auch die beiden großen Theater bieten Konzerte und modernen Tanz. Porto richtet einige beachtenswerte Festivals aus. Jedes Jahr stehen ein Ableger des eigentlich in Barcelona beheimateten **Primavera Sound Festivals** (www.nosprimaverasound.com), das **Marés Vivas Festival** (http://maresvivas.meo.pt/) in Afurada und Portugals ältestes Festival, das **EDP Vilar de Mouros** (www.edpvilardemouros.pt) auf dem Kalender.

Auditorium der Fundação de Serralves ➡ D11
Rua Dom João de Castro 210
Metro: Casa da Música und/oder Bus 201, 203, 502
✆ 226 15 65 87
www.serralves.pt
Das schicke Auditorium von Portos wichtigstem Museum ist Veranstaltungsort eines anspruchsvollen Unterhaltungsangebots. Hier treten Künstler aus den Genres der elektronischen und der experimentellen Musik sowie des Jazz auf, der zugleich Gegenstand eines Festivals im angrenzenden Park ist (Jazz in the Park). Das aktuelle Programm steht auf der Webseite.

Casa da Mariquinhas ➡ G10
Rua de São Sebastião 25
Metro: São Bento
✆ 915 61 38 77
www.casadamariquinhas.pt
Mi/Do 20–0, Fr/Sa bis 0.30 Uhr
Der Fado mag ein Kulturgut von nationaler Bedeutung sein, in

Bietet eine sehr gute Akustik: der Konzertsaal der Casa da Música

Porto allerdings ist er nicht so groß wie in vielen anderen Städten des Landes. Dieses Lokal ist seit 1968 Portos zuverlässigste Adresse für Fado. Dazu gibt es portugiesisches Essen und Wein.

⑩ Casa da Música ➡ nördl. A2
Avenida da Boavista 604–610
Metro: Casa da Música
Tickets ✆ 22 012 02 20, Führungen ✆ 220 12 02 10
www.casadamusica.com
Führungen auf Englisch (ca. 1 Std.) tägl. 10–17 Uhr
Eintritt € 10
Das von Rem Koolhaas entworfene Konzerthaus (S. 29) ist ist die Heimat und Spielstätte dreier Ensembles: Das Sinfonieorchester mit 94 Mitgliedern, das Remix Ensemble für Neue Musik und das Orchestra Barocca haben hier ihren Sitz. Gastspiele mit Fado, Pop oder Hiphop komplettieren das Programm und sorgen für ein breites Angebot. Die Vorstellungen fangen zum Teil deutlich später an, als man aus dem Rest der Welt gewöhnt ist.

Coliseo de Porto ➡ D11
Rua Passos Manuel 137
Metro: Bolhão
✆ 223 39 49 40, www.coliseu.pt
Der stromlinienförmige Art-déco-Palast ist ein architektonisches Ausrufezeichen. Der beeindruckende Veranstaltungssaal hat je nach Konfiguration ein Fassungsvermögen von 2950 bis 3500 Zuschauern. Auf der Bühne standen schon Fado-Stars wie Ana Moura, Pop- und Rockgrößen wie Bob Dylan aber auch Opernsänger mit wechselnden Produktionen.

Hard Club ➡ G8
Rua do Infante Dom Henrique
Metro: São Bento
✆ 220 10 11 86
www.hardclubporto.com
Der Konzertsaal wurde in eine ehemalige Markthalle gebaut.

Teatro Nacional São João

Die Programmierung ist bunt und schreckt auch vor sperrigen Bands nicht zurück.

Rivoli Teatro Municipal ➡ D11
Praça Dom João I.
Metro: Aliados
✆ 223 39 22 00
www.teatromunicipaldoporto.pt
Das traditionsreiche Haus, das 1913 seinen Betrieb aufnahm, firmiert seit 2015 offiziell als städtisches Theater. Die Zuschauer bekommen neben Theater auch Tanz, Konzerte und Filmvorstellungen geboten.

Teatro Nacional de São João ➡ F11
Praça da Batalha
Metro: São Bento
✆ 800 10 86 75
www.tnsj.pt
Das Nationaltheater residiert in einem klassischen Theaterbau, der sich mitten in der City über einen kompletten Block ausdehnt. Neben Schauspielaufführungen finden hier auch Tanztheater und Konzerte statt. Die Seitenwände der beiden prächtigen Säle sind mit Logen ausgestattet. ■

Shopping

Einkaufen in Porto ist eine vergnügliche Angelegenheit. Zum einen erfreut die Stadt mit einem hohen Anteil eigentümergeführter Geschäfte, zum anderen sind die Preise vergleichsweise akzeptabel. Die Innenstadt weist drei größere Fußgängerzonen aus: Die **Rua das Flores** (mitten im Zentrum), die **Rua Santa Catarina** (im Osten des Zentrums) und die **Rua de Cedofeita** (im Westen). Sogar in diesen drei Straßen sind wenig internationale Ketten vertreten. Die global agierenden Konzerne haben ihre Niederlassungen in den großen Einkaufszentren, wie der **Via Catarina** in der City oder **Norte Shopping** mit 267 Läden außerhalb der Stadt.

Typische Mitbringsel sind neben Portwein und Sardinen auch die Kosmetika von Claus Porto, Olivenöl, Korkprodukte und farbenfrohe Textilien oder Keramiken mit Azulejos-Motiven. Die ungewöhnlicheren Geschäfte konzentrieren sich zwischen der **Rua do Almada** und der **Rua das Oliveiras**, Antiquitäten-Sammler kommen in der **Rua das Mártires da Liberdade** auf ihre Kosten.

Kleidung und Schuhe

Almada 13 ➡ E9
Rua do Almada 13
Metro: São Bento
✆ 223 21 60 02
Mo–Sa 10–19.30, So 13–19 Uhr
Kleidung, Schuhe, Accessoires und andere Waren portugiesischer Marken. Beliebtes Geschäft mit zeitgemäßem urbanen Schick und offenen Steinwänden. Weiter hinten in den Katakomben befindet sich ein nettes Kaffee.

Coração Alecrim ➡ C8
Travessa de Cedofeita 28
Metro: Aliados
✆ 938 11 52
www.coracaoalecrim.com
Mo–Sa 11–19 Uhr

Oft vertreten auf Souvenirs aus Porto: der Hahn von Barcelos

Nachhaltige Mode, die von kleinen Betrieben von Hand hergestellt wird. Darauf haben sich die beiden Portugiesinnen Filipa und Rita spezialisiert. Ihr Geschäft befindet sich hinter einer der am meisten fotografierten Türen der Stadt.

The Feeting Room ➡ E9
Largo dos Lóios 89
Metro: São Bento
✆ 220 11 04 63
www.thefeetingroom.com
Mo–Do 10–20, Fr/Sa 10–21, So 11–20 Uhr
Originelle Designerschuhe und andere Fashion-Artikel.

La Paz Menswear ➡ H8
Rua da Reboleira 23
Metro: São Bento
✆ 222 02 50 37
www.lapaz.pt
Mo–Fr 10–18, Sa/So 10–20 Uhr
Eine Portuenser Marke: Der Herrenausstatter fühlt sich vom Atlantik und seinen Anwohnern inspiriert und versieht seine Kleidungsstücke mit maritimen Motiven. Zum Selbstverständnis gehören Zeitlosigkeit und nachhaltiges Denken. Nichts für arme Leute.

Mon Père Vintage ➡ C9
Rua da Conceição 80
Metro: Aliados
✆ 918 48 02 70
Mo–Sa 10.30–13 und 14–19 Uhr
Retro-Klamotten in einem aufgeräumten Laden mit Laminatboden, überwiegend für Frauen.

Workshops Pop Up ➡ D9
Rua do Almada 275
Metro: Aliados
✆ 966 97 41 19
www.workshops-popup.com
Tägl. 13–19.30, Sa ab 10 Uhr
Dieses ultrahippe Geschäft hat sich in einer ehemaligen Lagerhalle einquartiert. Die Schienen zum Warentransport befinden sich immer noch im Boden. Angeboten werden nach dem Store-in-Store-Konzept Mode von Designern aus der Region und Leckereien von Produzenten in Nordportugal. In den hintersten Gefilden des Ladens versteckt sich eine aufwendig eingerichtete Küche, in der **Koch-Workshops** stattfinden.

Souvenirs, Deko, Antiquitäten

A Vida Portuguesa ➡ E8
Rua Galeria de Paris 20
Metro: São Bento
✆ 222 02 21 05
www.avidaportuguesa.com
Mo–Sa 10–20, So 10.30–19.30 Uhr
Hübsch eingerichtetes Geschäft auf fast 300 Quadratmetern: fast ausschließlich *Portugalia*, also portugiesische Produkte, z. B. Sardinen, Öl, Textilien oder Keramiken. Besonders schöne Verpackungen, daher gute Mitbringsel.

Armazém ➡ G6
Rua de Miragaia 93
Tram: 1 bis Alfândega, Bus 202
✆ 222 01 17 02
Tägl. 11.30–20 Uhr
Tennisschläger mit Holzrahmen,

Wie aus der Belle Époque: Seifen der Kosmetikfirma Claus Porto

antike Koffer oder ein Piano? In dieser Lagerhalle mit unnachahmlichem Charme gibt es eine Handvoll Vintage-Läden, ein Café mit Außengastronomie und einen Fahrradverleih. Eine Villa Kunterbunt im besten Sinne des Wortes.

Cantinho das Aromáticas ➡ bC2
Rua do Meiral 508
Canidelo, Vila Nova de Gaia
Zug: bis Coimbroes, dann Leihrad oder Taxi
✆ 227 71 03 01
www.cantinhodasaromaticas.pt
Mo–Sa 9–18 Uhr
Mehr als 150 Kräuter werden in diesem Garten in Vila Nova de Gaia nach Bio-Prinzipien angebaut. Verkauft werden Infusionen und Gewürze.

Claus Porto ➡ F9
Rua das Flores 22
Metro: São Bento
✆ 914 29 03 59
www.clausporto.com
Tägl. 10–20 Uhr
1887 gegründet, zählt die Kosmetikfirma zu den Traditionsmarken Portos. Sie bietet Parfüms, Seifen, Lotions und andere Kosmetika, die in schönen Verpackungen mit Belle-Époque-Motiven über die Ladentheke gehen und in Deutschland nicht zu haben sind.

Kaufhäuser und Einkaufszentren

Centro Comercial Bombarda ➡ C5
Rua de Miguel Bombarda 285
Bus 18, 501
http://ccbombarda.blogspot.de
Mo Sa 12–20 Uhr
Einkaufspassage mit rund zwei Dutzend kleineren Läden, wo es sich mal vorbeizuschauen lohnt, wenn man ohnehin in der hippen Rua de Miguel Bombarda unterwegs ist. Im hübschen Innenhof samstags ein sogenannter Farmer's Market, auf dem Produzenten aus der Region kulinarisch hochwertige Waren anbieten.

Norte Shopping ➡ westl. A1
Rua Sara Afonso (Sra. da Hora)
✆ 229 57 13 18
Metro: Sete Bicas
www.norteshopping.pt
Tägl. 10–24 Uhr
Riesiges Einkaufszentrum im Nordwesten der Stadt mit 267 Geschäften und langen Öffnungszeiten.

Via Catarina ➡ C12
Rua de Santa Catarina 312
Metro: Bolhão
✆ 222 07 56 09

In der Via Catarina sind die Geschäfte in stilisierten Häusern untergebracht

www.viacatarina.pt
Tägl. 9–22 Uhr
Modernes Einkaufszentrum mit direktem Zugang zur Fußgängerzone. In der Kunstwelt des Food Court sollen die Lokale wie stilisierte Wohnhäuser der Stadt wirken.

Bücher und Platten

Livraria Chamine da Mota ➡ F9
Rua das Flores 18
Metro: São Bento
✆ 222 00 53 80
Mo–Fr 9–19, Sa 9–13 Uhr
Das gedruckte Wort ist tot? Nicht solange es diese Buchhandlung gibt, in der zum Teil erheblich alte Bücher, aber auch Comics, Plakate und andere Fundstücke auf neue Besitzer warten.

4 **Livraria Lello** ➡ aA2
Rua das Carmelitas 144
Bus: 200, 202, 501 bis Jardim da Cordoaria
✆ 222 00 20 37
www.livrarialello.pt
Tägl. 10–20 Uhr
Eintritt € 5, wird beim Buchkauf verrechnet, oft lange Warteschlangen
Die nostalgische Buchhandlung (vgl. S. 11) wurde dank Harry Potter berühmt und der Besitzer, zugleich Verleger, versucht mit dem Ansturm der Schaulustigen zurechtzukommen.

Louie Louie ➡ D9
Rua do Almada 536
Metro: Aliados
✆ 222 01 03 84
www.louielouie.pt
Mo–Sa 10. 30–13.30–14.30–19 Uhr
Schallplatten sind en vogue und anders als in Download-Stores ist das Angebot in jedem Laden unterschiedlich. Daher lohnt für Vinyl-Fans ein Besuch in diesem Fachgeschäft. Vor allem brasilianische Musik ist deutlich besser als in Deutschland vertreten.

Mercado Loft Store ➡ B12
Rua Guedes de Azevedo 123–125
Metro: Bolhão
✆ 223 18 51 42
Mo–Fr 10.30–14 u. 15–19, Sa 10–13 Uhr
Wohnungseinrichtung wie aus dem Bilderbuch. Ein Besuch macht auch dann Spaß, wenn ein Kauf logistikbedingt eher nicht in Frage kommt.

Porto Calling ➡ C9
Rua da Conceição 80
Metro: Aliados
✆ 220 94 55 01
www.portocalling.com
Mo–Sa 11–19 Uhr
Sympathisches Fachgeschäft für Schallplatten mit Turntables zum Reinhören. Der Besitzer mag Ska und Reggae und gibt sein Fachwissen gern weiter.

Märkte

Mercado do Bolhão ➡ C12
Rua Formosa
Metro: Bolhão
✆ 223 32 60 24
Mo–Fr 7–17, Sa 7–13 Uhr
Infos zur Wiedereröffnung nach Renovierung: www.visitporto.travel
Dieser Markt ist eine Institution in Porto. Lange entsprach er dem Idealbild eines südeuropäischen Markts, wo die Kunden vor allem frischen Fisch, Fleisch, Käse und Gemüse bekamen. Auch war er mit seiner riesigen Verkaufsfläche unter freiem Himmel, die im ersten Stock zusätzlich auf Galerien erweitert wurden, ein wichtiger gesellschaftlicher Treffpunkt. Weder die Bausubstanz noch die hygienischen Anforderungen entsprechen der heutigen Zeit. Ein Umbau wurde beschlossen, der fast einem Neubau gleichkommt. Bei Redaktionsschluss war unklar, wie lange sich die Arbeiten hinziehen würden. Der offizielle Termin für die Wiedereröffnung lautet Mitte 2020, örtliche Händler befürchten, dass es sich bis 2021 hinziehen könnte. Bis dahin sollen die Händler – sehr zu ihrem Verdruss – im unteren Stockwerk des **Einkaufszentrums Via Catarina** (vgl. S. 64) unterkommen.

Mit neugotischer Fassade: Buchhandlung Livraria Lello

Mercado da Foz
Rua de Diu, Foz
Tram: 1 bis Passeio Alegro
Mo und Sa 7–17, Di–Fr 7–19 Uhr
Schöne, typisch südeuropäische Markthalle mit frischen Waren und einigen Restaurants für traditionelle Speisen. Vom Strand geht man etwa zehn Minuten.

Mercado de Matosinhos
Rua França Júnior, Matosinhos
Metro: Mercado
✆ 229 37 65 77
Mo 7–14, Di–Fr 6.30–18, Sa 6.30–18 Uhr
Authentischer Markt für Einheimische in eine modernen Halle. Neben Fisch, Fleisch und Gemüse wechselt hier manchmal auch lebendes Geflügel den Besitzer. ■

Mit Kindern in Porto

Sea Life, ein Aquarium, das Kinder begeistert, ein **Zoo**, eine **Bootsfahrt** zu den sechs Brücken über den Douro und Attraktionen wie **World of Discoveries** – in Porto gibt es für Familien mit Kindern einiges zu entdecken und zu unternehmen. Auch eine Fahrt mit einer der historischen Trams, mit der Zahnradbahn **Funicular dos Guindais** oder mit dem **Segway** (diverse Stände an der Ribeira) begeistern Groß und Klein. Abenteuerlustige können mit **Porto Bridge Climb** in 65 Meter Höhe über den Betonbogen der Ponte da Arrábida marschieren. Das erfordert nicht annähernd so viel Mut, wie es auf den Blick scheint, und ist eine tolle Unternehmung mit Jugendlichen. Der Weg wird von Treppenstufen gut passierbar gemacht. Bei ihrer Eröffnung 1963 war die Ponte da Arrábida mit einer Spannweite von 270 Metern die größte Stahlbeton-Bogenbrücke des Planeten. Skeptiker, darunter auch viele Ingenieure, wollten schon kurz nach der Eröffnung ihren Einsturz voraussehen. Die vielen **Parks** laden zu Streifzügen mit Kindern ein und die nahen **Strände** sind beliebte Ziele für Familien. Am langen Strand vor Matosinhos werden auch **Surfkurse** für Kinder und Jugendliche angeboten.

Fish Surf School ➡ bB2
Praceta Manuel Carlos Seabra Monteiro 13
Matosinhos
✆ 916 08 22 18
www.fishsurfschool.com
Etablierter Anbieter, Kurse und Verleih (€ 37 Wetsuit & Board).

Museu das Marionetas ➡ G8
Rua de Belomonte 61
Metro: São Bento
✆ 220 10 82 24
Tägl. 11.30–13, 14–18 Uhr
Eintritt € 2
Dieses kleine Museum lenkt die Aufmerksamkeit auf die vielen

Mit dem Porto Bridge Climb erlebt man die Brücken der Stadt mal auf eine andere Art und Weise

Marionetten, die im Verlauf des letzten Vierteljahrhunderts im angrenzenden Theater zum Einsatz kamen. Anders als Stücke wie »Cinderella« (Aschenputtel) sind Mimik und Erscheinung der Puppen auch ohne Sprachkenntnisse zu verstehen.

Porto Bridge Climb ➡ westl. E1
Rua do Ouro 680
Tram: 1 bis Ponte Arrábida
✆ 929 20 71 17
www.portobridgeclimb.com
Tägl. 14.30–20.30 Uhr
Teilnahme je nach Gruppengröße zwischen € 15–16,50, ab 12 Jahre
Vorbild für das Abenteuer auf der Ponte da Arrábida ist der Sydney Harbour Bridgeclimb. Auch die portugiesische Variante ist ein atemberaubendes Erlebnis. Die Tour dauert etwa 30 Minuten. Die Teilnehmer werden mit Seilen gesichert.

Sea Life ➡ westl. A1
Rua Particular do Castelo do Queijo, Foz
Bus: 200, 202, 500 bis Castelo do Queijo
✆ 226 19 04 00
www.visitsealife.com
Mo–Fr 10–18, Sa/So 10–19, Mitte Juli bis Ende August an Wochenende bis 20 Uhr
Eintritt € 13,50/9,50 (online € 12,15/8,25)
Ja, es handelt sich um einen weltweit agierenden Konzern. Und ja, Fische und andere Meerestiere sind am besten im Ozean aufgehoben. Dennoch aber ist der Einblick in die Unterwasserwelt für Kinder faszinierend. Auch für Erwachsene bleibt die Welt der Haie, Seepferdchen, Clownfische und Quallen voller Entdeckungen.

World of Discoveries ➡ G6
Rua de Miragaia 106
Tram: 1 oder Bus: 200, 202, 500
✆ 220 43 97 70

Besonders für Kinder gibt es im Zoo Santo Inácio viel zu entdecken

www.worldofdiscoveries.com
Mo–Fr 10–18, Sa/So bis 19 Uhr
Eintritt € 14/8 (online € 11,90/6,80)
Dieses interaktive Museum präsentiert eine kindgerechte Einführung in die Vergangenheit Portugals als große Seefahrer- und Entdeckernation. Zur Ausstellung gehören Nachbauten von Booten aus vergangenen Jahrhunderten.

Zoo de Santo Inácio ➡ bC3
Rua 5 de Outubro 4503
Avintes, Vila Nova de Gaia
Kostenloser Shuttle ab São Bento April–Okt. um 10, 11, 12 und 14 Uhr
✆ 227 87 85 00
www.zoosantoinacio.com
Tägl. 10–19, im Winter bis 17 Uhr
Eintritt € 15,20/9,95
800 Tiere und 260 Spezies sind im größten Zoo der Region beheimatet. Dabei gilt es heute nicht mehr nur, interessierten Stadtmenschen exotische Tiere vorzuführen, sondern auf die vielen Besonderheiten der Natur hinzuweisen, die es in Zukunft zu schützen gilt. Zu den Bewohnern des erst 2000 eröffneten Tiergartens gehören Pinguine, Hyänen, Sibirische Tiger und Giraffen. ■

Erholung und Sport

In Porto ist es nie weit bis zum nächsten reizvollen Flecken an der frischen Luft. Das fängt mit den vielen Parks in der Stadt an und setzt sich an den Ufern des Douro fort. Wer Porto zu Fuß erkundigt hat, sollte in aller Regel keinen zusätzlichen Bewegungsbedarf verspüren, da das ewige Auf und Ab kräftezehrend sein kann. Wer dennoch an seiner Fitness arbeiten möchte, findet an den Ufern des Douro flache **Jogging-Strecken**. In Vila Nova de Gaia geht es deutlich ruhiger zu und die Wege sind bis zur Mündung gut ausgebaut.

Auch passionierte Radfahrer dürften schnell feststellen, dass sich Porto nur sehr bedingt eignet. Im Stadtgebiet sind nur höchst sporadisch **Radwege** ausgewiesen. Radfahrer weichen oft auf die Schienentrasse der Tram aus, deren Taktintervalle nicht zu hoch sind und deren Herannahen sich durch Bimmeln und Rattern ankündigt. Auch der Uferweg am stadtseitigen Douro-Ufer ist Fußgängern vorbehalten. Am Südufer (Vila Nova de Gaia) ist ab der Praia de Lavadores ein abgetrennter und farblich markierter Radweg vorhanden, der bis ins knapp 20 Kilometer entfernte Espinho führt. Fahrradverleihe gibt es am Douro-Ufer.

Das **Badevergnügen** an den Sandstränden ist eher Hartgesottenen vorbehalten, denn der Atlantik ist meistens sehr kalt. Auch im Sommer sind Temperaturen von 16 bis 17 Grad keine Seltenheit, lediglich im Spätsommer wird für einige Wochen die Marke von 18 Grad geknackt. Ebenso sollte man auf Strömungen und auf die Gezeiten achten. Bei Flut steigt das Wasser oft sehr schnell. Während es in Foz eher idyllische Badebuchten zwischen Felsen gibt, ist der lange Strand von Matosinhos auch für **Surfer** ideal. In den Parks und entlang der Strandpromenade von Foz kommen Jogger auf ihre Kosten. Naturbelassen und mit dem Rad und der Bahn erreichbar sind die Strände von Vila Nova de Gaia.

Der Strand der Praia do Senhor da Pedra verdankt seinen Namen einer Kapelle, die auf einem Felsen thront

Fahrradverleih

Vieguini ➡ H7
Rua Nova da Alfândega 7
✆ 914 30 68 38
www.vieguini.pt
Tägl. 9–19 Uhr
€ 12–18 pro Tag
Sehr freundlicher Service und gute Fahrräder sowie Scooter.

Top Bike Tours ➡ B9
Rua Alferes Malheiro 139
Metro: Trindade
✆ 220 99 71 06
www.topbiketoursportugal.com
Tägl. 10–19 Uhr
Leihfahrrad € 13–17 pro Tag
Vom City Bike bis zum Rennrad hält dieser Verleih Modelle für verschiedene Anlässe bereit.

Porto Rent a Bike ➡ H11
Avenida Gustavo Eiffel 280
Metro: São Bento
✆ 222 02 23 75
www.portorentabike.com
Tägl. 10–14, 15–19 Uhr
Leihgebühr ab € 6 für 2 Stunden
Dieser Verleih hat neben gewöhnlichen Velos auch Tandems und E-Bikes im Angebot.

Parks

Jardim Botânico ➡ westl. A1
Rua do Campo Alegre 1191
Bus: 200, 207
✆ 933 08 64 92
www.jardimbotanico.up.pt
Tägl. 9–19 Uhr, im Winter Mo–Fr 9–18, Sa/So 10–18 Uhr
Eintritt frei
Der Portweinhändler João Henrique Andresen hat das Grundstück des heutigen Botanischen Gartens 1895 erworben und im damals populären Stile der Romantik ausgebaut. 1951 hat der Staat die Gärten erworben und die Pflege der Universität von Porto übertragen. Der Botanische Garten beherbergt heute klassisch formalistische Bereiche, aber auch einige seltene Bäume, Gewächshäuser sowie zwei Teiche. Auf dem 4 ha großen Areal steht weiterhin ein Wohnhaus aus dem späten 19. Jh. Kurzum: ein schöner Rückzugsort.

Jardim do Infante Dom Henrique

Parque da Cidade ➡ westl. A1
Zwischen der Avenida de Boavista und der Estrada Interior da Circunvalação
Metro: Matosinhos Sul oder Bus 200
Tägl. 7–24 Uhr, im Winter kürzer
Der größte Stadtpark ganz Portugals breitet sich zwischen Foz do Douro und Matosinhos im Westen des Ballungsraums auf 83 ha aus. Das Wegenetz ist für Fußgänger und Radfahrer attraktiv und es ergibt eine Gesamtstrecke von über 10 km. Teiche und Sportanlagen runden das Angebot ab. Dieser Park gehört zu den bevorzugten Naherholungsgebieten der Portuenser. Seine Westseite geht nahtlos in den Badestrand von Matosinhos über.

Parque Municipal da Lavandeira
➡ nördl. cC1
Rua Almeida Garrett
Vila Nova de Gaia

Die »Gartenschaufel« von Claes Oldenburg im Parque de Serralves

Metro: Dom João II. (ca. 1,5 km entfernt)
Tägl. 8–20 Uhr
Dieser Park in Vila Nova de Gaia ist noch jüngeren Datums. Auf 35 ha finden Besucher u. a. orientalisch gestaltete Gartenlandschaften, Sukkulenten, einen Kinderspielplatz und Picknick-Möglichkeiten.

Parque de Serralves
➡ nordwestl. A1
Rua Dom João de Castro 210
Metro: Casa da Música und/oder 201, 203, 502 bis Serralves
✆ 226 15 65 87
www.serralves.pt
April–Sept. Mo–Fr 10–19, Sa/So 10–20 Uhr, sonst Mo, Mi–Fr 10–18, Sa/So 10–19 Uhr
Eintritt € 6 (mit Museum € 12)
Der mit Abstand schönste, gepflegteste und romantischste Park der Stadt befindet sich im Westen auf dem Gelände der Fundação de Serralves. Die Ursprünge reichen zurück ins Jahr 1923, als der Industrielle Carlos Alberto Cabral das 18 ha große Grundstück erwarb und es bis 1932 vom Architekten Jacques Gréber in einen ungewöhnlichen Garten hat umbauen lassen. Dieser kombiniert Art-déco-Elemente mit klassischen Einflüssen. Unterhalb der Industriellenvilla breitet sich eine symmetrische Wasserlandschaft aus, während die tiefer im Park gelegenen Gefilde von Hügeln und dichter Vegetation geprägt sind. Der romantische Teich verfügt über eine eigene Bootsgarage – vielleicht das beste Beispiel für die Detailversessenheit der einstigen Eigentümer. Weil der Park Eintritt kostet, ist es hier nie voll. Wechselnde Skulpturen animieren Kunstliebhaber zur regelmäßigen Wiederkehr.

Jardim das Virtudes ➡ F6/7
Passeio das Virtudes 14
Metro: São Bento
✆ 225 32 00 80
Tägl. 9–19 Uhr
Der Jardim das Virtudes befindet sich genau an der Stelle, wo der hoch gelegene Teil der Altstadt steil zum Fluss hin abfällt. Die Aussicht auf die Mündung des Douro ist überwältigend. Der kleine Park wird daher gerne von jungen Pärchen bevölkert, die hier eine Flasche Wein trinken und Straßenmusikern lauschen. Dies geht vor allem in den Sommermonaten nicht selten in Freiluftpartys über.

Strände

8 Foz do Douro

Bus: 200, 500 und 502, Tram 1
Die Strände von Foz sind nur knapp 6 km von der Ribeira entfernt. Diesen Luxus wissen Einheimische und Touristen gleichermaßen zu schätzen. Die Strände von Foz allerdings sind maximal um die 40 m breit, außerdem sind sie fast überall von Felsen und Klippen durchsetzt. Zum Flanieren, Promenieren, Spazieren und Joggen eignen sich die Strände vorzüglich, zum Baden müssen Wet-

ter und Gezeiten mitspielen. Die Strandbars sind fest in der Hand der Schickeria von Porto, die hier gern die Sonnenuntergänge mit kühlen Drinks in der Hand und den unvermeidlichen Bohnen und Oliven auf dem Tisch betrachten.

Matosinhos
Metro: Matosinhos Sul oder Bus: 500
Der Strand vor Matosinhos ist deutlich breiter als die Strände von Foz. Darüber hinaus werden die oft aus Richtung Nordost kommenden Wellen frühzeitig von den Kaimauern der Hafeneinfahrt gestoppt, sodass die Brandung hier spürbar weniger kraftvoll ist.

Piscinas de Marés
Avenida da Liberdade
Leça da Palmeira
Metro: Mercado, Bus: 208, 507, 601
✆ 22 995 26 10
Tägl. 9–19 Uhr, Eintritt € 6/4
Rund einen Kilometer nördlich der Hafeneinfahrt liegt ein natürliches Meerschwimmbad, das Portugals bekanntester Architekt Álvaro Siza Vieira schon in den 1960er Jahren auf den Küstenfelsen errichtet hat. Die Poolanlage mit zwei Bassins, auf mehreren Felsterrassen im Stil des Brutalismus errichtet, liegt direkt am Atlantik

Strände von Vila Nova de Gaia
Zug: ab dem Bahnhof Campanhã bis Miramar
Auch auf der Südseite der Douro-Mündung wird die Atlantikküste von Stränden begleitet, die alle ihren Reiz haben. Ab Salgueros bis nach Espinho gibt es einen Radweg, auf dem das Fahren richtig Freude bereitet. Mit Abstand am spektakulärsten ist die **Praya da Senhor da Pedra**, wo auf einem im Wasser ruhenden Felsen die **Capela do Senhor da Pedra** thront. Das Bauwerk stammt aus dem Jahr 1686 und ist zweifelsohne eines der schönsten Fotomotive der Küste von Vila Nova de Gaia. Auch das Leben abseits des Strands ist authentisch, in den Cafés und Restaurants halten sich fast ausschließlich Portugiesen auf. ■

Surfvergnügen in den Wellen des Atlantiks am Strand von Matosinhos

Daten zur Stadtgeschichte

König Johann I. (1357–1433) bildete durch seine Heirat mit Philippa von Lancaster eine militärische Allianz zwischen England und Portugal

um 300 v. Chr. Auf dem Gebiet der heutigen Stadt lassen sich keltische Siedler nieder. In der gesamten Region zeugen Ruinen von dieser Epoche.

ab 137 v. Chr. Nach der römischen Besatzung der Iberischen Halbinsel entwickelt sich Porto zu einem wichtigen Handelshafen. Die Siedlung wird seinerzeit als *Cale* bezeichnet. Später entsteht in Küstennähe eine zweite Siedlung, die von den Römern als *Portus Cale* bezeichnet wird. Diese Wörter werden später entscheidend sein bei der Namensfindung der Nation Portugal. Nicht zuletzt aus diesem Grund fühlen sich viele Portuenser als die wahren Hauptstädter.

5. Jh. Nach dem Abzug der Römer fallen Galizien und Nordportugal vorübergehend unter die Herrschaft des germanischen Volks der Sueben. Um 585 unterliegen diese wiederum den Goten. Die Mitglieder beider Völker gehen später in der viel stärkeren lokalen Bevölkerung auf. Standardsprache ist damals immer noch ein Vulgärlatein.

716 Porto und Umgebung werden von den Mauren eingenommen und zerstört. Um 750 unternimmt Alfons I. von Asturien einen Versuch, das Gebiet zu erobern. Seine Ambitionen resultieren in der weitgehenden Entvölkerung der Region für die Dauer eines Jahrhunderts.

868 König Alfons III. von Asturien bringt die Wiederbesiedlung in Gang. Im selben Jahr wird Vímara Peres erster Graf von Portus Cale, das zur Keimzelle des Landes Portugal wird.

12. Jh. Die Gefahr durch die Mauren und die zwischenzeitliche Bedrohung durch die Normannen sind endgültig vorbei. Porto macht wichtige Entwicklungen durch und erhält Stadtrechte. Die alten römischen Mauern werden erneuert. Der Bau der Kathedrale Sé wird in Angriff genommen. Auch an der heutigen Praça da Ribeira wächst eine stadtähnliche Sieglung heran, die rasch mit dem Nachbardorf Miragaia verschmilzt.

1370 Eine zweite Stadtmauer wird errichtet. Diese schützt auf einer Länge von 2,6 Kilometern eine Fläche von 44 Hektar.

1387 Durch die Hochzeit von Johann I. von Portugal und Philippa von Lancaster wird die erste militärische Allianz

	der Welt geschmiedet. Die Verbindung zwischen Portugal und England sollte lange anhalten. Einige Historiker sehen darin sogar die Basis für die NATO.
14./15. Jh.	Porto wird ein wichtiger Standort für den Schiffbau. Zu Beginn des 15. Jh. ist der Largo de São Domingos der zentrale Platz der Stadt. **1521** wird die Rua de Santa Catarina das Flores angelegt, die bis heute als Rua das Flores Bestand hat.
15.–17. Jh.	Die Orden der Karmeliter, Benediktiner, Johanniter und andere gründen Klöster in Porto und reifen zu einer einflussreichen politischen und wirtschaftlichen Macht in der Stadt und im ganzen Land heran. König Philipp II. von Spanien missachtet die Autonomie Portugals und gliedert das Land weitgehend an Spanien an. Erst **1640** gewinnt das kleinere Land seine Unabhängigkeit zurück. Die aus dieser Zeit stammenden Animositäten sind bis heute nicht völlig ausgeräumt.
1703	Portugal und England unterzeichnen den nach einem Politiker benannten Methuen-Vertrag. England darf nunmehr ungehindert Textilien nach Portugal und in dessen Kolonien exportieren. Zum Ausgleich sind die Portugiesen befugt, Portwein und Wein nach England zu verkaufen.
1717	Englische Geschäftsleute eröffnen einen ersten Handelsposten in der Stadt. Der Handel mit Portwein befindet sich seitdem vorwiegend in ihren Händen. Im Verlauf des 18. Jahrhunderts entstehen in Porto unter Federführung des italienischen Architekten Nicolai Nasoni zahlreiche prunkvolle Barockbauten.
spätes 18. Jh.	Portos Aufstieg zu einem bedeutenden Industriezentrum beginnt, bis 1809 Napoleon die Stadt erobert. Viele Portuenser versuchen über eine Brücke zu fliehen. Das Bauwerk stürzt ein, Tausende Menschen sterben.
1877	Die von Gustave Eiffel entworfene Eisenbahnbrücke Ponte de Maria Pia wird eröffnet. Ab 1886 überbrückt auch die berühmte Ponte Dom Luís I. den Douro.

Karte von Porto im Jahr 1789 (Stich von Teodoro Maldonaldo)

Wandmalereien in Porto erinnern an die Nelkenrevolution am 25. April 1974

1906 Die Buchhandlung Livreria Lello & Irmao wird eröffnet. Die Besitzer etablieren sich zugleich als Verleger für viele wichtige portugiesische Schriftsteller des 20. Jahrhunderts.

1926 Die republikanische Verfassung Portugals wird durch einen Militärputsch ausgehebelt. 1932 wird António de Oliveira Salazar Premierminister. Er führt den *Estado Novo* (neuer Staat) ein. Während der bis 1974 andauernden Diktatur schottet sich Portugal weitgehend vom Rest der Welt ab. Die Wirtschaft stagniert.

1939–45 Im Zweiten Weltkrieg bleibt Portugal neutral. In Antizipation kommender Ereignisse flüchten viele deutsche Juden schon früh an den Rand des Kontinents nach Portugal.

1974 Die sogenannte Nelkenrevolution bringt Portugal zurück auf demokratische Pfade. Erst nach dem EU-Beitritt 1986 allerdings macht sich ein merklicher Aufschwung bemerkbar.

1976 Im Nachgang der Nelkenrevolution erreichen die portugiesischen Kolonien ihre Unabhängigkeit. Auch in Portugal greifen Reformen von historischen Ausmaßen um sich. Die Geldinstitute und wichtige Industriebetriebe werden vorübergehend verstaatlicht.

1985 Etwa 15 km flussaufwärts wird das Crestuma-Leverkraftwerk in Betrieb genommen, das neben der Stromgewinnung auch der Abführung von Trinkwasser dient. Die Schifffahrt auf dem Douro muss seitdem eine Schleuse bemühen.

1986 Portugal wird Mitglied der Europäischen Union. Dies bildet den Ausgangspunkt für einen beispiellosen wirtschaftlichen Aufschwung, der bis zum Ausbruch der Weltwirtschaftskrise im Jahr 2008 andauern sollte. Mit dem Beitritt ist Portugal in der Moderne angekommen.

1991–93 Die Schriftstellerin Joanne K. Rowling arbeitet als Englischlehrerin in Porto und lässt sich von der Stadt für ihre Harry-Potter-Bücher inspirieren.

1996 Die UNESCO erklärt die komplette Altstadt von Porto zum Weltkulturerbe. Durch den Fluss neuer Gelder und die große öffentliche Aufmerksamkeit bricht eine neue Blütezeit an.

2001 Porto wird Europäische Kulturhauptstadt. Das Jahr wird als »Brücke in die Zukunft« definiert und soll einen Anstoß geben, Lissabon den Rang als Nummer eins des Landes streitig zu machen.

2004 Der FC Porto gewinnt unter Trainer José Mourinho zum zweiten Mal die Champions League der UEFA. Im selben Jahr richtet Portugal die Endrunde der Fußball-Europameisterschaft aus, was mit großen Investitionen einhergeht. Porto ist gleich mit zwei Stadien als Spielort vertreten. Im Zuge einer allgemeinen Aufwertung der Infrastruktur wird die Basis für das heutige Metrosystem gelegt.

Mário Soares (1924–2017) war der erste frei gewählte Präsident Portugals nach der Nelkenrevolution 1974

2005 Die Casa da Música des niederländischen Architekten Rem Koolhaas wird mit vierjähriger Verspätung unter großer internationaler Beachtung eröffnet.

2011 In Vila Nova de Gaia wird eine Seilbahn zwischen Flussufer und Oberstadt eröffnet. Nicht jeder ist glücklich mit dem Teleférico.

2015 Der Flughafen von Porto verzeichnet erstmals mehr als acht Millionen Passagiere. Das sind mehr als vier Mal so viele wie 1996, als die UNESCO Porto zum Weltkulturerbe erklärt hat.

2017 Die Organisation »Best European Destinations« mit Sitz in Brüssel ruft Porto zum dritten Mal nach 2012 und 2014 zum besten europäischen Reiseziel des Jahres aus.

2019–2021 Der Mercado do Bolhão wird voraussichtlich bis zum Jahr 2021 umfangreich saniert und anschließend als Top-Attraktion wiedereröffnet. ■

Die Casa da Música in Porto wurde 2005 feierlich eröffnet

Service von A bis Z und Sprachführer

Porto in Zahlen und Fakten

Fläche: 41,42 km^2, Großraum 817 km^2
Einwohner: Die Stadt Porto als Verwaltungseinheit hat etwa 240 000 Einwohner, darunter 32 000 Studenten. Zudem ist die zweitgrößte Stadt Portugals Mittelpunkt eines Ballungsraums mit etwa 1,76 Mio. Einwohnern. Das entspricht etwa 17 % der Gesamtbevölkerung.
Religion: 95 % katholisch
Wirtschaft: Als Mündungsort des 897 km langen Douro und Küstenstadt mit Überseehafen in Matosinhos (Ballungsraum Grande Porto) ist Porto das wichtigste Handelszentrum Portugals. Viele der größten Unternehmen des Landes haben in Porto und Umgebung ihren Sitz. Mit mehr als 8 Mio. Ankünften (2015) nimmt der Tourismus eine immer wichtigere Rolle ein. Auch der Fischfang spielt nach wie vor eine bedeutende Rolle, so besitzt Matosinhos den weltweit größten Hafen für die Sardinenfischerei. Der Umsatz der Portweinindustrie (Vila Nova de Gaia) liegt bei 500 Mio US$ pro Jahr.

Anreise, Einreise

Portugal ist Mitgliedsstaat des Schengener Abkommens. Reisende aus den EU-Staaten (und der Schweiz) benötigen lediglich einen gültigen Personalausweis. Kindereinträge im Reisepass eines Elternteils sind seit 2012 nicht mehr gültig. Jedes Kind benötigt ein eigenes Ausweisdokument.

Mit dem Flugzeug

Porto ist gut per Flugzeug erreichbar. **Ryanair** unterhält in Porto eines seiner Drehkreuze und bedient die Stadt u. a. von zehn deutschen Flughäfen (z. B. Berlin Schönefeld, Hamburg, Köln/Bonn und Frankfurt). Die **Lufthansa** fliegt Porto von München und Frankfurt nonstop an sowie mit Zubringern von allen deutschen

Barcos Rabelos auf dem Douro vor Porto

Airports. Auch die portugiesische **TAP** fliegt diverse deutsche Flughäfen an. **Eurowings** fliegt mehrmals wöchentlich ab Düsseldorf sowie Zürich ohne Zwischenstopp nach Porto, während **Swiss International** ab Zürich in den Norden Portugals fliegt.

Der **Flughafen von Porto** ist nach dem früheren Ministerpräsident Francisco Sá Carneiro benannt. Es befindet sich etwa 15 km nordwestlich der Stadt. Der Airport ist bequem mit der Metro erreichbar, die Fahrtzeit zur Station Trindade beträgt mit der Linie E eine knappe halbe Stunde. Ein Ticket (Zone 4) kostet € 2. Die Züge fahren zwischen 6 und 1 Uhr, wobei die Taktung je nach Wochentag und Uhrzeit zwischen 10 und 30 Minuten liegt. Mit dem Taxi kostet eine Fahrt in die City um die € 20.

Mit der Bahn

Theoretisch ist auch die Anreise mit der Bahn möglich. Eine gängige Verbindung führt per ICE/TGV nach Paris, von dort in den französischen Grenzort Hendaye und schließlich über das spanische Irun nach Coimbra. Von hier aus ist es nur noch ein Katzensprung nach Porto. Die Strecke ist schön, wenn man zwei oder mehr Tage für die Anreise Zeit hat. Für längere Wochenenden und Kurzaufenthalte in Porto ist jedoch das Flugzeug die einzige Option.

Mit dem Bus

Wer lange Busfahrten liebt, kann z. B. bei Flixbus mit einmaligem Umsteigen in Paris Tickets für eine etwa 36 Stunden dauernde Fahrt buchen (Preis um die € 100 pro Strecke).

Mit dem Auto

Porto ist rund 2170 Kilometer von Frankfurt am Main entfernt. Ein Road Trip durch Frankreich und Spanien kann Spaß machen, wenn man Zwischenstopps an der Loire, in Bordeaux, an der Biskaya, in San Sebastian oder Santiago de Compostela einlegt oder länger mit dem eigenen Auto in Portugal Urlaub machen möchte. Doch im Zeitalter der sogenannten Billig-Airlines ist diese Variante keineswegs preiswerter, da neben den anfallenden Spritpreisen in Frankreich, Spanien und Portugal auch Autobahngebühren erhoben werden.

Auskunft

Turismo de Portugal (Portugiesisches Fremdenverkehrsamt)
Zimmerstr. 56, 10117 Berlin
✆ 030 254 10 60
www.visitportugal.com/de
Verschickt auf Wunsch Informationen vor der Reise.

Turismo do Porto ➡ C10
Rua Clube dos Fenianos 25

✆ 300 50 19 20
www.visitporto.travel
Tägl. 9–19, Mai–Okt. bis 20 Uhr
Zuständig für Porto und die Nordregionen. Vor Ort werden auch Broschüren, Flyer und Karten ausgehändigt.

Torre Medieval (Sé) ➡ G10
Terreiro da Sé
✆ 300 50 19 20
Tägl. 9–20, Nov-Mai bis 19 Uhr
Neben der Kathedrale gelegene Infostelle von Visit Porto.

Diplomatische Vertretungen

Honorarkonsulat der Bundesrepublik Deutschland
Avenida Sidónio Pais 379
4100 – 468 Porto
✆ +351 226 10 81 22
www.lissabon.diplo.de
Mo–Fr 9–12 Uhr

Österreichische Botschaft
Avenida Infante Santo 43
(4. Stock), 1399 – 046 Lissabon
✆ +351 213 94 39 00
www.bmeia.gv.at
Mo–Fr 9.30–13 Uhr

Konsulat der Schweiz
Rua da Ponte 440
4435 – 402 Rio Tinto
✆ +351 224 853 650
www.eda.admin.ch
Termin telefonisch vereinbaren

Feiertage, Feste, Veranstaltungen

Feiertage

Neujahr (1. Januar)
Karneval (Faschingsdienstag)
Karfreitag
Ostersonntag
Tag der Arbeit (1. Mai)
Fronleichnam (Do, zehn Tage nach Pfingsten)
Nationalfeiertag (10. Juni)
Maria Himmelfahrt (15. August)
Proklamation der Republik 1910 (5. Oktober)
Allerheiligen (1. November)
Befreiung von der spanischen Herrschaft 1640 (1. Dezember)
Maria Empfängnis (8. Dezember)
Weihnachtstag (25. Dezember)

Ausgewählte Feste und Veranstaltungen

Februar/März
Essência do Vinho – Die **viertägige Weinmesse** im Palácio da Bolsa wird seit 2004 ausgetragen und

Beim Queima das Fitas feiern Portos Studenten das Semesterende

findet internationale Beachtung (www.essenciadovinhoporto.com).

Fantasporto – Internationales **Filmfestival für Fantasy- und Horrorfilme** mit guter Besetzung (www.fantasporto.com).

Mai

Queima das Fitas – Die Studenten der Stadt feiern eine Woche lang das **Ende des akademischen Jahres**. Dabei verbrennen sie die Bänder, die sie während des Semesters getragen haben. Das Event geht mit Konzerten und vielen anderen Veranstaltungen einher (www.queimadoporto.com).

Juni

Serralves em Festa – **Dreitägiges Festival** im Park des bedeutendsten Museums der Stadt (www.serralvesemfesta.com).

NOS Primavera Sound – Intimer Ableger der wegweisenden **Musikfestivals** aus Barcelona (www.nosprimaverasound.com).

Festa São João – Das mit Abstand wichtigste Event auf dem Kalender der Stadt: In der **Johannisnacht** vom 23. auf den 24. Juni wird der **Stadtheilige** nach allen Regeln der Kunst gefeiert. Im Anlauf zu diesem Highlight gibt es einmonatiges Programm mit allerlei Events und Aktivitäten (www.portolazer.pt).

24. Juni – **Regatta der Portweinboote** auf dem Douro (www.confrariavinhodoporto.com).

Juli

Vinho Verde Wine Fest – Über 300 verschiedene Vinho Verdes werden am vorletzen Juli-Wochenende beim **Weinfest** (www.vinhoverdewinefest.com) in der Alfândega angeboten.

September

Noites Ritual Rock – mehrtägiges **Rockfestival** Mitte September in den Jardins do Palácio de Cristal.

Nos em d´bandada Über 50 kostenlose Konzerte in der Baixa an einem Samstag im September.

Oktober

Festival Internacional De Marionetas do Porto – Mehr als zwei Wochen andauerndes **Festival für Handpuppen** in der zweiten Monatshälfte (www.fimp.pt).

November

Der Startschuss für den **Porto-Marathon** (www.porto-marathon.com) fällt Anfang des Monats im Parque da Cidade.

Dezember

Weihnachtzeit – Während Weihnachtsschmuck und entsprechende Beleuchtung der Stadt eine würdevolle Atmosphäre verleihen, vermitteln die Weihnachtsmärkte einen Eindruck von gelebten Traditionen.

Silvester – Auch Porto feiert den Jahreswechsel ausgelassen mit einem Feuerwerk.

Geld, Kreditkarten, Preisniveau

Portugal ist Gründungsmitglied der Euro-Zone. Grundsätzlich sind elektronische Zahlungsmittel nicht mehr oder weniger weit verbreitet als in Mitteleuropa. Viele kleine Restaurants allerdings sind da eine Ausnahme. Um Überraschungen zu vermeiden, sollte man sich vorab über die gültigen Zahlungsmittel informieren und immer einen gewissen Bargeldbetrag mit sich führen.

Das Preisniveau empfinden Zentraleuropäer als recht niedrig. Restaurant- und Museumsbesuche sind vergleichsweise günstig. Diese Tendenz verstärkt sich, je weiter man sich von den gängigen Touristenpfaden entfernt. Weil das Durchschnittseinkom-

Frischer Knoblauch im Mercado do Bolhão

men der Portugiesen spürbar unter dem in Deutschland, Österreich oder der Schweiz liegt, nehmen die Einheimischen die Lage anders wahr. Dies sollte man als Besucher respektvoll beachten. Wer seine EC- oder Kreditkarte verloren hat, kann sich in Deutschland unter +49 11 61 16 an den **zentralen Sperrnotruf** wenden. Eine solche Einrichtung gibt es in Österreich und der Schweiz nicht. Bei dem Gespräch sollte man Zugriff auf wichtige Daten und Nummern haben, die ggf. abgefragt werden.

Hinweise für Menschen mit Handicap

Das Thema Barrierefreiheit wird in Porto recht stiefmütterlich behandelt. Zwar sind durchaus Hotels und Restaurants vorhanden, die auch Rollstuhlfahrer nutzen können. Die Bahnsteige der Metro sind ebenerdig oder per Aufzug zugänglich. In den Zügen der Metro sind jeweils zwei Plätze für Rollstühle reserviert. Ansonsten aber ist Porto allein aufgrund seiner Topografie eine schwierige Stadt, denn in der historischen City geht es ständig auf und ab. Weitere Informationen gibt die Organisation Accessible Portugal auf ihrer Webseite (leider nur auf Portugiesisch).
www.accessibleportugal.com

Internet

Seit 2017 können Smartphone-Besitzer ihr Datenvolumen auch im EU-Ausland ohne Aufpreis abrufen. Viele Hotels, Restaurants, Einkaufszentren und sonstige Einrichtungen halten außerdem für ihre Kunden kostenlose WLAN-Verbindungen bereit. Wer auf den Webseiten portugiesischer Unternehmen surft, sollte Grundkenntnisse der Landessprache besitzen, da lange nicht alle ihre Angebote auch nur auf Englisch übersetzen.

Informative Webseiten
Für Urlauber sind die Webseiten der Fremdenverkehrszentralen hilfreich (S. 77).
www.timeout.com/porto: Aktuelle Infos zu Restaurants, Events und Kultur.
www.cm-porto.pt und www.cm-matosinhos.pt und www.cm-gaia.pt/pt/: Die Portugiesen ruhen in sich selbst. Darauf deutet jedenfalls die Einsprachigkeit der städtischen Webseiten hin.
https://gailatlarge.com: Gail at Large ist der Blog einer nach Porto ausgewanderten Kanadierin mit einigen netten Anregungen.

Klima, Kleidung, Reisezeit

Porto ist ein Ganzjahresreiseziel. Das Klima hat sowohl maritime wie auch subtropische Einflüsse. Die Niederschlagsmenge ist mit rund 1300 mm fast doppelt so hoch, wie in Frankfurt. Besonders feucht sind die Monate von November bis Februar. Die Temperaturen sind mit durchschnittlichen Maximumwerten von 25 Grad auch in den Sommermonaten angenehm. In Januarnächten wird es derweil nur selten kälter als 5 Grad. Weil der Atlantik nur wenige Kilometer entfernt ist, kühlt die Stadt bei einsetzender Dunkelheit auch an heißen Tagen schnell aus. Daher empfiehlt sich in der Regel der altbewährte Zwiebel-Look mit mehreren leichten Kleidungsschichten. Sonnenmilch und Sonnenbrille gehören zur Standardausrüstung.

Medizinische Versorgung

Mitglieder gesetzlicher Krankenkassen finden die neue Europäische Krankenversicherungskarte (EHIC) auf der Rückseite ihrer Versichertenkarte. In der Regel akzeptieren nur die staatlichen Gesundheitszentren und Krankenhäuser die Karte. Für Erstattungen daheim sind Belege und Quittungen erforderlich. Privatpatienten müssen direkt vor Ort bezahlen und sich die Auslagen zu Hause erstatten lassen. Für etwaige Sonderleistungen wie einen Rücktransport empfiehlt sich außerdem eine Auslandskrankenversicherung, die für wenige Euro pro Jahr abgeschlossen werden kann. Wer deutschsprachige Ärzte sucht, kann beim Konsulat nachfragen. Apotheken (*farmácias*) sind an einem grünen Kreuz zu erkennen.

Notfälle, wichtige Rufnummern

Notruf Polizei, Krankenwagen, Feuerwehr ✆ 112
Bei jeder Art von Notfall sollten Sie die kostenlose Nummer 112 wählen. Die zuständigen Ansprechpartner vermitteln weitere Hilfe je nach Bedürfnis. Opfer eines Diebstahls wenden sich direkt an die Polizei. Nur in diesem Fall greifen etwaige Versicherungspolicen aus der Heimat. Speziell für solche Angelegenheiten wurde in Porto eine **Touristenpolizei** eingerichtet (Rua Clube dos Fenianos 11, ✆ 222 08 18 33, www.psp.pt, geöffnet tägl. 8–24 Uhr).

Öffnungszeiten

Die Ladenöffnungszeiten in Porto unterliegen keinen strengen Vorschriften. Die meisten eigentümergeführten Geschäfte haben täglich von 10 bis 19 Uhr geöffnet, viele legen eine Mittagspause von einer Stunde ein. Supermärkte sind länger geöffnet, die Geschäfte in den Einkaufszentren schließen oft erst um 22 oder gar um 24 Uhr. Viele Museen haben montags geschlossen.

Post, Briefmarken

Die Postämter der **CTT Correiros de Portugal** fallen durch ihre rote Farbe auf. Für gewöhnliche Sendungen sind auch rote Briefkästen vorgesehen. Das Porto für einen Standardbrief bzw. eine Postkarte nach Deutschland belief sich 2019 auf € 0,90.

Hauptpost von Porto ➡ C10
Praça General Humberto Delgado
✆ 223 40 02 02
www.ctt.pt
Mo–Sa 8–21, Sa 9–18 Uhr

Presse, Medien

Die größte Tageszeitung der Stadt ist das Jornal de Notícias mit einer Auflage von knapp über

Versuchen immer guten Service zu bieten: Kellner im Café Majestic

50 000 Exemplaren. Die Zeitung verfügt über einen umfassenden Tageskalender. Für Touristen ebenfalls interessant ist das englischsprachige Heft von Time Out.

Rauchen

Wie überall in Europa ist das Rauchen in Porto in allen öffentlichen Gebäuden verboten. Dies gilt auch für Restaurants. In Bars und Kneipen hingegen sind die Regeln nicht ganz so strikt: In einigen Etablissements ist der Tabakkonsum nach wie vor gestattet, ein Angebot, von dem reger Gebrauch gemacht wird. Bevor man sich eine Zigarette anzündet, sollte man sich über die Hausregeln vergewissern.

Sicherheit

Porto ist gegenwärtig eine sehr sichere Stadt. Lediglich in den steilen Gassen in der Nähe der Talstation des Funicular ist eine gewisse Vorsicht angebracht. Aufgrund der Topographie und fehlender Fluchtmöglichkeiten war die Gegend bis weit in die 1990er Jahre für Überfälle bekannt. Das hat sich stark verbessert, wer jedoch das Unglück nicht heraufbeschwören möchte, geht am fortgeschrittenen Abend besser nicht alleine hier entlang. Auch in Parks, auf Märkten und bei großen Menschenansammlungen kann erhöhte Aufmerksamkeit nicht schaden.

Die »Lady in Black«, das Symbol der Portweinkellerei Porto Cruz

Sightseeing, Touren

Stadtführungen:

Porto Walkers ➡ E10
Tägl. 10.45 und 15.30 Uhr
Treffpunkt: 5 Minuten vor Start auf der Praça da Liberdade an der Statur von Dom Pedro IV
www.portowalkers.pt
Verschiedene Touren zu unterschiedlichen Themen
Kostenlose Stadtführungen in Begleitung von lokalen Experten. Wer teilnehmen möchte, muss sich vorab online anmelden. Die Touren dauern drei Stunden und werden in mehreren Sprachen angeboten. Zum Angebot gehören auch kostenpflichtige Touren in Kneipen und zu Portwein-Kellereien.

Porto Food Tours
Treffpunkt wird bei Anmeldung bekanntgegeben
✆ 920 50 33 02
www.tasteporto.com
Tägl. Touren ab € 65 mit üppiger Verköstigung
Wunderbare Touren mit kulinarischem Schwerpunkt, die zu den authentischen Adressen der Stadt führen.

We Hate Tourism Tours
Treffpunkt wird bei Anmeldung bekanntgegeben
✆ 913 77 65 98
www.wehatetourismtours.com
Tägl. Touren (auf Englisch) um 9 Uhr ab € 47
Eine eloquente Gruppe örtlicher Architekten stellt ihre Stadt auf ihre eigene Weise vor. Dabei offenbart sich schnell, dass der Titel ironisch gemeint ist.

Yellow Bus ➡ E10
an der Praça da Liberdade
✆ 967 65 92 57
www.yellowbustours.com
Abfahrt alle 20–30 Minuten
Ab € 13,50
Komfortable Stadterkundung an Deck eines Doppeldeckerbusses.

Bootsausflüge auf dem Douro
Der Standardausflug auf modernen Booten (seltener auf Nachbauten der traditionellen Barken) wird als **Sechsbrückentour** angepriesen, dauert rund 50 Minuten und kostet mittlerweile sportliche € 15. Anbieter wie **Cruzeiro Porto** (www.cruzeiroporto.com) ködern an den Ufern der Ribeira und in Vila Nova de Gaia ihre Kunden. Weiterhin gibt es **Tagestouren**, die deutlich weiter ins Flusstal führen. Die Teilnehmer fahren eine Strecke mit dem Bus oder Zug bis nach **Pinhão**, um die andere Strecke an Bord eines größeren Schiffs zurückzulegen. Solche Angebote kosten je nach Saison und Wochentag zwischen € 85 und 100. Sie können unter anderem über **Anetours** (www.anetours.pt) oder **Indouro** (www.indouro.com) gebucht werden.

Strom

Das System für die Verteilung elektrischen Stroms in Portugal ist identisch mit dem in Deutschland, in Österreich und der Schweiz.

Telefonieren

Durch den Wegfall der Roaming-Gebühren innerhalb der EU schlagen Telefonate mit Mobiltelefonen nicht mehr zusätzlich zu Buche. Dies gilt auch für SMS. Lediglich für sogenannte MMS können Gebühren anfallen. Eine Nachricht mit weiteren Details erhalten Kunden von ihrem jeweiligen Mobilfunkanbieter sobald Portugal als aktueller Aufenthaltsort erkannt wurde.

Überbleibsel aus einer Zeit ohne Mobilfunk: Telefonzelle in Porto

Telefonvorwahl Portugal: +351
Telefonvorwahl Deutschland: +49
Telefonvorwahl Schweiz: +43
Telefonvorwahl Österreich: +41

Trinkgeld

Für Trinkgeld gelten in Portugal ähnliche Richtlinien wie in Zentraleuropa. In Restaurants freut sich das Personal bei Zufriedenheit über einen Aufschlag von 5 bis 10 Prozent, in Bars wird aufgerundet. Auch Touristenführer etc. freuen sich über einen Obolus in dieser Größenordnung.

Verkehrsmittel

Auto/Mietwagen
Für Ausflüge ins Hinterland Portos kann ein **Mietwagen** die sinnvollste Option sein. In diesem Fall sind die Niederlassungen gängiger Anbieter Wie Avis, Sixt und Europcar an der Avenida da Boavista die mutmaßlich bequemste Variante zur Anmietung. Wer zu einer Rundreise durch Portugal aufbricht, mietet den Wagen ab dem Flughafen. Alle gängigen Anbieter haben ihre Niederlassungen in der Nähe des Terminals. Firmen

wie Auto Europe (www.autoeurope.de) oder Sunny Cars (www.sunnycars.de) schnüren Komplettpakete, die den Kunden lästige Verkaufsgespräche für Zusatzversicherungen erspart.

Viele portugiesische Autobahnen und einige Brücken sind **mautpflichtig**. Die fälligen Gebühren werden zum Teil elektronisch erfasst, wofür ein Zusatzgerät erforderlich ist, das die Autovermieter anmieten. Sonst kann man seine Gebühren nicht bezahlen, was entweder serienmäßige Bußgelder oder die systematische Meidung von Autobahnen zur Folge hat. Wer mit dem eigenen Auto anreist, kann beispielsweise in Post-Filialen oder unter www.tollcard.pt eine Bezahlkarte nach dem Prepaid-Prinzip erwerben.

In geschlossenen Ortschaften gilt ein **Tempolimit** von 50 km/h. Auf Landstraßen sind maximal 100 km/h erlaubt, ggf. aber andere Höchstgeschwindigkeiten ausgeschildert. Auf Autobahnen sind bis zu 120 km/h gestattet. Es gilt eine **Promillegrenze** von 0,5.

Metro, Tram und Bus

Portos ÖPNV ist sehr gut. Generell sollten Reisende wissen, dass sich die weitläufige hügelige Altstadt nur von den Metrostationen São Bento und Aliados aus erkunden lässt. Alles, was sich in einem Ra-

Die drei historischen Tramlinien

Die historischen Trams gehören zum Straßenbild Portos wie die Cable Cars zu San Francisco. Drei Strecken unterhält die örtliche Nahverkehrsgesellschaft STCP, wovon die Linie 1 die mit Abstand sichtbarste ist: Die altmodischen Wagen, die ihren Betrieb erstmalig im Jahr 1872 aufnahmen, fahren wenige Schritte unterhalb der Igreja São Francisco ab. Unter einigem Getöse bringen sie ihre Passagiere auf der eingleisigen Verbindung fast bis zur Douro-Mündung, wobei viele bunte Häuserfronten und einige authentische Gaststätten passiert werden. Die Linie 18 verbindet das Museu do Carro Eléctrico mit dem Höhenrücken am Jardim de Cordoaria. Die Linie 22 unterdessen fährt eine Schleife von der Station Batalha vorbei am Majestic Café, der Livreria Lello und dem Bahnhof São Bento. Alle drei Linien machen gleichermaßen Spaß. Die historischen Tramlinien 1, 18 und 22 verkehren zwischen 9 und 21 Uhr alle 20 bis 30 Minuten. Einfache Tickets kosten € 3, Zweitageskarten kommen auf € 10. Die ersten in Porto fahrenden Trams übrigens wurden von Chinesen in San Francisco gebaut. Auch die heute verkehrenden Wagen stammen aus Kalifornien, wo sie in den 1970ern hergestellt wurden.
www.stcp.pt

Historische Straßenbahn in der Altstadt von Porto

Innenleben einer alten Tram

dius von 2 km um die Praça da Ribeira befindet, entdeckt man am besten zu Fuß. Auch in Foz do Douro gibt es keine Metro. Den Stadtteil am Meer erreicht man z. B. mit den Bussen 202, 500 und 502. Zwischen Porto und Vila Nova de Gaia verkehren Busse, die über die untere Etage der Ponte Dom Luís I. fahren, die man auch leicht zu Fuß überqueren kann. Die Metrostation Jardím do Morro liegt auf dem Hügel von Vila Nova de Gaia, eignet sich also nicht, wenn das Ziel unten am Ufer liegt.

Das Busnetz und die **drei historischen Tramlinien** (s. Kasten) betreibt die **STCP** (www.stcp.pt). Das Liniennetz reicht bis zum Flughafen, nach Vila Nova de Gaia, Matosinhos und in die Vorstädte. Das Stadtbahnsystem **Metro do Porto** (www.metrodoporto.pt) wurde 2004 in Betrieb genommen. Das Streckennetz umfasst mittlerweile **sechs Linien** und 70 Kilometer, von denen knapp zehn Kilometer unterirdisch verlaufen. Die Züge sind geräumig und komfortabel. Beim Kauf der Tickets gibt es allerdings eine Tücke: Wer am Automaten Tickets für zwei oder mehr Personen erwerben möchte, muss unbedingt entsprechend viele Kaufvorgänge durchlaufen, da sonst alle Fahrten auf ein Ticket geladen werden. Dieses aber gilt nur für eine Person. Bei Kontrollen werden alle anderen Mitglieder der Gruppe somit als Schwarzfahrer gewertet. Um Missverständnisse zu vermeiden, steht das Personal der Metro am Flughafen und anderen Stationen hilfreich zur Seite. Die Züge fahren zwischen 5.30 und 1 Uhr, **Tickets** sind nach Zonen gestaffelt und kosten zwischen € 1,20 und € 5,35. Eine einfache Fahrt vom Airport in die Stadt (Zone 4) kostet € 2. Wer Tages- oder Mehrtagestickets benötigt, kauft die sogenannten **Andante-Tickets** für 24 oder 72 Stunden zum Preis von € 7 bzw. € 15. Metro do Porto betreibt auch den **Funicular dos Guindais** zwischen Batalha und Ribeira. Einzeltickets für die Standseilbahn kosten € 2,50.

Zug

Die portugiesische Eisenbahn **Comboios do Portugal** (www.cp.pt) betreibt die Bahnstrecken in die Nachbarstädte und an die Strände von Vila Nova de Gaia. Ausflüge lohnen von Porto in die Traditionsstädte Viana do Castelo (S. 19) und nach **Braga** und **Coimbra**, die in wenig mehr als einer Stunde erreichbar sind. Sogar ein Tagesausflug nach **Lissabon** ist dank zahlreicher Verbindungen und einer Fahrtzeit von weniger als drei Stunden denkbar. Wer das Douro-Tal mit dem Zug besuchen möchte, fährt bis **Pinhão** oder **Regua**, die am größeren **Bahnhof Campanhã** starten. Als Verkehrsknotenpunkt spielt der zentralere Bahnhof **Estação de São Bento** (S. 30) eine untergeordnete Rolle. Er wird überwiegend von Regionalzügen aus dem Douro-Tal, aus dem Minho, sowie aus den Provinzstädten Braga und Guimarães angefahren. Immerhin zwei Mal pro Tag aber fahren auch Züge nach Lissabon – stilvoller kann man die Reise in Hauptstadt nicht antreten. Die Strecke durch das Douro-Tal gilt als eine der malerischsten ganz Europas.

Zeitzone

In Portugal gilt die Westeuropäische Zeit. Im gesamten Land ist es ganzjährig eine Stunde früher als in Deutschland.

Zoll

Es gelten die Zollbestimmungen der EU. Waren für den persönlichen Gebrauch sind zollfrei. ■

Die wichtigsten Wörter für unterwegs

Alltag/Umgangsformen

Der erste Kontakt mit der gesprochenen portugiesischen Sprache wird verunsichern, man versteht so gut wie gar nichts. Die vielen Nasal- und Zischlaute lassen Wörter, ja ganze Sätze ineinander übergehen. Zudem klingt alles furchtbar schnell. Doch das sollte nicht entmutigen. Das Portugiesische gehört zur Familie der romanischen Sprachen, jedoch mit einer eigenen Aussprache. In der Grammatik und im Wortschatz ähnelt es sehr dem Spanischen und Italienischen, in geringerem Maße auch dem Französischen, doch man sollte nicht versuchen, die Wörter z. B. mit der französischen oder spanischen Betonung auszusprechen. Man wird Sie kaum verstehen. Leichter ist es da schon beim Lesen – hier helfen die Latein-, Französisch-, Spanisch- oder Italienischkenntnisse ein Stück weiter. Trotzdem sollte man versuchen, sich einige Begriffe einzuprägen. Die Portugiesen freuen sich sehr, wenn Ausländer bemüht sind, ihre Sprache zu sprechen (auch wenn es nur ein paar Brocken sind). Ein *bom dia* (Guten Tag) verleitet schon zu der Bemerkung, wie gut man portugiesisch spricht.

Viele Portugiesen können ein wenig Englisch oder Französisch, und wegen der vielen Emigranten ist es durchaus möglich, dass man deutsch angesprochen wird. Und noch ein Tipp: Schreibt man Wörter oder Namen auf einen Zettel, klappt es meist mit der Verständigung.

Einige Bemerkungen zur **Aussprache** vorweg: Das portugiesische Alphabet kennt nur 23 Buchstaben: k, w und y kommen nicht vor. Es gibt neun **Nasale**, das sind Vokale, die durch die Nase gesprochen werden und oft durch ein spezielles Zeichen über dem zu nasalierenden Buchstaben, der so genannten Tilde ~, markiert sind: ã, ãe, ão, õe, im, em, am, om, um.

Die anderen **Vokale** spricht man so aus: Das **a** erscheint als betonter (offener) und unbetonter Vokal, wobei das betonte a meist durch einen Akzent (á offen, â geschlossen zu sprechen) hervorgehoben wird.

Das **e** gibt es ebenfalls als betonten und unbetonten Vokal, wobei das unbetonte **e** entweder zum i hin (im Anlaut und vor einem anderen Vokal) oder wie das französische e ausgesprochen wird. Das betonte **e** wird entweder offen (é) oder geschlossen (ê) gesprochen. Das **i** spricht man wie das deutsche i (wie z. B. in Knie) aus.

Das unbetonte **o** wird zu u, das betonte **o** entweder offen (ó) oder geschlossen (ô) gesprochen. Nach **q** und **g** wird das u gesprochen, wenn ein a oder o folgt; steht nach dem u ein e oder i, bleibt es stumm. Diphtonge wie **au**, **ei**, **eu** spricht man getrennt voneinander aus.

Zur Aussprache der **Konsonanten:**

Vor a, o und u wird das **c** wie k gesprochen; vor e und i wird es zu ss, ç wird zu ss, ch werden zu sch.

g wird vor e und i zu einem stimmhaften sch, vor a, o und u bleibt es g.

Das **h** ist immer stumm. Das **j** spricht sich wie ein stimmhaftes sch.

lh werden zu lj. Das **m** oder **n** am Wortende zeigt nur die Nasalierung des vorangegangenen Vokals an und bleibt stumm. nh werden zu nj.

q steht immer mit dem u zusammen, vor e und i wird es zu k.

s wird am Wortende oder vor einem stimmlosen Konsonanten zu sch.

v wird wie das deutsche w gesprochen. **x** wird überwiegend zu sch.

z wird am Wortanfang und zwischen zwei Vokalen als weiches s gesprochen, am Wortende zu sch.

Im Portugiesischen gibt es nur zwei **Geschlechter**. Der bestimmte/unbestimmte Artikel für das Maskulinum ist o/um und im Plural os/uns, für das Femininum a/uma und im Plural as/umas. Der Artikel wird immer benutzt, auch bei Vornamen.

Guten Morgen/ Guten Tag! (bis 12 Uhr mittags)	*Bom dia!*
Guten Tag! (von 12 Uhr mittags bis zur Dämmerung)	*Boa tarde!*
Guten Abend!	*Boa noite!*
Gute Nacht!	*Boa noite!*
Hallo!	*Olá!*
Wie geht es dir?	*Como estás?*
Wie geht es Ihnen?	*Como está?*
Auf Wiedersehen, bis zum nächsten Mal!	*Adeus, até à próxima!*
Tschüss!	*Ciao!*
Bis bald!	*Até em breve!*
Bis morgen!	*Até amanhã!*
Schön, dich kennen gelernt zu haben.	*Foi um prazer ter-te conhecido.*
ja/ nein/ vielleicht	*sim/não/talvez*
Ich heiße…	*Chamo-me…*
Wie heißt du?	*Como te chamas?*
Wie heißen Sie?	*Como se chama?*
Entschuldigung!	*Desculpe/Desculpa!*
Bitte	*por favor, faz favor*
Danke!	*Obrigado/Obrigada!*
Bitte schön/Keine Ursache!	*De nada!*

Falls Sie nicht alles verstehen, können Sie sagen: *Não percebi. Repita, por favor.* Wenn auch das nichts hilft, bleibt noch die Möglichkeit, sich das Gesagte aufschreiben zu lassen: *Escreva-me isso, por favor.*

Autofahren

Sollten Sie mit dem Auto unterwegs sein, können Sie die folgenden Vokabeln sicher gut gebrauchen.

Ich möchte ein Auto mieten.	*Queria alugar um carro.*
einen Geländewagen	*um carro para todo o terreno*
ein Motorrad	*uma moto*
ein Wohnmobil	*uma auto-caravana*
Wie viele Kilometer sind im Preis enthalten?	*Quantos quilómetros estão incluídos no preço*
Mein Auto ist aufgebrochen worden.	*O meu carro foi arrombado.*
Bitte geben Sie mir Ihren Namen und Ihre Versicherung an.	*Dê-me, por favor, o seu nome e a sua companhia de seguros.*
Sie sind zu schnell gefahren.	*O Senhor vinha muito depressa.*
Ich bin ... km/h gefahren.	*Eu vinha a ... km à hora.*
Führerschein	*a carta de condução*
Ihre Papiere, bitte.	*Mostre-me os seus documentos, por favor.*
Sie haben die Kurve geschnitten.	*O Senhor cortou a curva.*
Sie sind zu dicht aufgefahren.	*O Senhor vinha muito em cima de mim.*
Autobahn	*a auto-estrada*
Parkplatz	*o parque de estacionamento*
Parkuhr	*o parquímetro*
Parkscheinautomat	*o parcométro colectivo*
Kann ich hier parken?	*Posso estacionar aqui?*
Sicherheitsgurt	*o cinto de segurança*
Tankstelle	*as bombas de gasolina*
Benzin	*a gasolina*
bleifrei	*sem chumbo*
Diesel	*o gasóleo*
Wie weit ist es bis zur nächsten Tankstelle?	*Onde ficam as próximas bombas de gasolina?*
Bitte volltanken.	*Encha o déposito, por favor.*
Machen Sie bitte einen Ölwechsel.	*Agradecia que mudasse o óleo.*
fahren	*conduzir*
abschleppen	*rebocar*
reparieren	*concertar*
überqueren	*atravessar*
Gang einlegen	*meter a mudança*
Stadtplan	*a planta de cidade*
Sicherheit	*a segurança*

In der Werkstatt	***Na oficina***
Ich hatte einen Unfall.	*Tive um acidente.*
Ich habe kein Benzin mehr.	*Já não tenho mais gasolina.*
Könnten Sie meinen Wagen abschleppen?	*Podia rebocar o meu carro?*
Mein Auto springt nicht an.	*O meu carro não pega.*
Die Batterie ist leer.	*A bateria está descarregada.*
Die Bremsen funktionieren nicht.	*Os travões estão avariados.*
Werkstatt	*a oficina*
Motoröl	*o óleo do motor*
Ölwechsel	*a mudança de óleo*
Motor	*o motor*
Getriebe	*a caixa de velocidades*
Zündkerze	*a vela*
Kotflügel	*o guarda-lamas*
Vergaser	*o carburador*
Blinker	*o pisca-pisca*
Reifen	*o pneu*
Anlasser	*o motor de arranque*
Kupplung	*a embraiagem*
Lichtmaschine	*a máquina de iluminação*
Scheinwerfer	*o farol*
Kühler	*o radiador*

Einkaufen

Was kostet …?	*Cuanto custa …?*
Geld	*o dinheiro*
Kasse	*a caixa*
ausgeben	*gastar*
bezahlen	*pagar*
verkaufen	*vender*
Sonderangebot	*a promoção*
Schaufenster	*a montra*
Etwas weniger, bitte.	*Um pouco menos, por favor.*

Etwas mehr, bitte.	*Um pouco mais, por favor.*
kleiner/größer	*mais pequeno/maior*
Ich suche …	*Procuro …*
Wo kann ich … kaufen?	*Onde posso comprar …?*
Ich hätte gerne …	*Queria …*
Geben Sie mir bitte eine Packung …	*Dê-me, por favor uma embalagem de …*
Zeigen Sie mir bitte …	*Mostre-me, por favor*
Bitte schön?	*Diga, por favor?*
Kann ich Ihnen helfen?	*Quer ajuda?*
Kann ich das anprobieren?	*Posso experimentar isto?*
Kann ich mit dieser Kreditkarte zahlen?	*Posso pagar com este cartão de crédito?*
Ich hätte gerne etwas Billigeres.	*Gostaria de qualquer coisa mais barata.*
zu teuer	*caro demais*
Haben Sie das noch in einer anderen Größe?	*Tem isto noutro tamanho?*
Welche Größe haben Sie?	*Qual é o seu tamanho?*
Ich habe Größe …	*O meu tamanho é o …*
Ausverkauf	*os saldos*
Hemd	*a camisa*
Hose	*as calças*
Mantel	*o sobretudo*
Rock	*a saia*
Kleid	*o vestido*
Strumpfhose	*a meia-calça, collant*
Strümpfe	*as meias*
Sakko, Jacke	*o casaco*
Pullover	*a camisola*
Krawatte	*a gravata*
Schuhe	*os sapatos*

Farben und Muster	***Cores e padrões***
beige	*bege*
blau	*azul*
braun	*castanho*
gelb	*amarelo*
rot	*vermelho*
grün	*verde*
schwarz	*preto*
weiß	*branco*
grau	*cinzento*
gestreift	*listrado*
kariert	*xadrez*

Essen und Trinken

Bäckerei	*a padaria*
Konditorei	*a confeitaria, a pastelaria*
Fleischerei	*o talho*
Fischgeschäft	*a peixaria*
Markt	*o mercado*
Supermarkt	*o supermercado*

Im Restaurant	***No restaurante***
Wo gibt es hier ein gutes Restaurant?	*Onde há aqui um bom restaurante?*
Einen Tisch für … Personen, bitte.	*Uma mesa para … pessoas, por favor.*
Entschuldigung, wo sind hier die Toiletten?	*Desculpe, onde ficam aqui os quartos de banho?*
Hier entlang.	*É por aqui.*
Die Karte bitte.	*A ementa, por favor.*
Getränkekarte	*a lista de bebidas*
Ich möchte gerne etwas essen.	*Queria comer alguma coisa.*
Was empfehlen Sie mir?	*O que me aconselha?*
Ich empfehle Ihnen …	*Aconselho-lhe …*
Haben Sie vegetarische Kost?	*Tem pratos vegetarianos?*
Ich nehme eine Portion …	*Queria uma dose …*
Ich möchte ein Bier.	*Queria uma cerveja.*
Ich möchte ein Glas Rotwein.	*Queria um copo de vinho tinto.*
Guten Appetit!	*Bom apetite!*
Zum Wohl!	*À saúde!*
Ich möchte zahlen.	*Queria pagar.*
Wir möchten getrennt bezahlen.	*Queríamos pagar separadamente.*
Alles zusammen, bitte.	*Por favor, tudo junto.*
Ich möchte eine Quittung, bitte.	*Queria um recibo, por favor.*
Hat es Ihnen geschmeckt?	*Soube-lhe bem?*
Danke, sehr gut.	*Sim, muito bem.*
essen	*comer*
trinken	*beber*

Marisco/Peixes	**Muscheln/Schalentiere/Fisch**
o marisco	Meeresfrüchte
marisco em molho de vinho	Meeresfrüchte in Weinsoße
feijoada de marisco	Eintopf mit Muscheln und Bohnen
os mexilhões	Miesmuscheln
o caranguejo	Krebs
a lagosta	Languste
gambas	große Krabben
as ostras	Austern
sardinhas assadas na brasa	gebratene Sardinen
linguado grelhado	gegrillte Seezunge
as lulas	Tintenfisch
lulas com piri-piri	Tintenfisch mit scharfer Soße
caldeirada de lulas	Tintenfischeintopf
a truta	Forelle
a pescada	Schellfisch
o bacalhau	Stockfisch
a garoupa	Barsch

Carnes	**Fleischgerichte**
o porco	Schwein
carne de porco à alentejana	Schweinefleisch mit Herzmuscheln nach Alentejaner Art
o coelho	Kaninchen
costoletas de porco grelhadas	Schweinekoteletts vom Grill
costoletas de vitela	Kalbskoteletts

perna de carneiro assada	Hammelkeule
rim grelhado	gegrillte Niere
fígado grelhado	gegrillte Leber
a chanfana	geschmortes Ziegen- oder Lamm-fleisch
o empadão	Fleisch-Kartoffel-Eintopf
o bife	Beefsteak
leitão assado	gebratenes Ferkel
o sarrabulho	gekochtes Schweineblut
o cabrito	Zicklein

Aves	**Geflügel**
o peru	Truthahn
frango assado	gebratenes Huhn
a perdiz	Rebhuhn
o faisão	Fasan
as moelas	Hühnermagen

Legumes	**Gemüse**
as alcachofras	Artischocken
o alface	grüner Salat
o espinafre	Spinat
a salsa	Petersilie
o feijão	Bohnen
as ervilhas	Erbsen
as batatas	Kartoffeln
a salada	Salat
o tomate	Tomate
o pepino	Gurke
a aboborinha	Zucchini
os brócolos	Brokkoli
a cebola	Zwiebel
o milho	Mais

Fruta	**Obst**
a maçã	Apfel
a pera	Birne
os morangos	Erdbeeren
as tâmaras	Datteln
o melão	Melone
o melancia	Wassermelone
o pêssego	Pfirsich
a banana	Banane
os damascos	Aprikosen

Acompanhamentos	**Beilagen**
o arroz	Reis
batatas à portuguesa	portugiesische Bratkartoffeln
batatas assadas no forno	gebackene Kartoffeln
batatas cozidas	gekochte Kartoffeln
batatas fritas	Pommes frites
puré de batata	Kartoffelpüree

Modos de preparação	**Zubereitungsarten**
assado no forno	gebacken
cozido	gekocht
defumado	geräuchert
frito	gebraten
grelhado	gegrillt

Bebidas	**Getränke**
a água mineral sem/com gás	Mineralwasser ohne/mit Kohlensäure
a cerveja	Bier
o vinho	Wein
a laranjada	Orangenlimonade
a limonada	Zitronenlimonade
a bica	Lissabonner Bezeichnung für Kaffee (Espresso)
o café do avô	Kaffee mit Brandy oder Amaretto
o café duplo	doppelter Kaffee
a cerveja	Bier
o chá	Tee
o chocolate quente	heiße Schokolade
o galão	Milchkaffee im Glas
o garoto	kleine Tasse Milchkaffee
o moscatel	Muskateller-Wein
o vinho branco	Weißwein
o vinho da casa	Wein des Hauses
o vinho da Madeira	Madeira-Wein
o vinho do Porto	Portwein
o vinho maduro	ausgereifter Wein, im Gegensatz zum vinho verde
o vinho tinto	Rotwein
o vinho verde	grüner Wein (jung, alkoholarm), weiß und rot
a aguardente	Branntwein
a bagaceira, o bagaço	Tresterschnaps
o champanha	Champagner, Sekt
o licor de amêndoa	Mandellikör
o medronho	»Aufgesetzter« aus den Früchten des Erdbeerbaumes
o copo	Wasserglas
a garrafa	Flasche

E muitas outras coisas	**Was es sonst noch gibt**
o leite	Milch
a nata	Sahne
o queijo	Käse
o ovo	Ei
a manteiga	Butter
o requeijão	Quark
os condimentos	Gewürze
o alho	Knoblauch
o sal	Salz
a pimenta	Pfeffer
o cogumelo	Pilz
o mel	Honig
o doce	Konfitüre
o açúcar	Zucker
o vinagre	Essig
o óleo	Öl
o azeite	Olivenöl
a azeitona	Olive

Na padaria	**Beim Bäcker**
o pão	Brot
o pãozinho, a carcaça	Brötchen
o pão de centeio	Roggenbrot
o pão de trigo	Weißbrot
a doçaria a, pastelaria	Gebäck

Presse, Geld, Öffentliche Verkehrsmittel

Im Zeitschriftenladen	***Na livraria***
Zeitschrift/Illustrierte	*a revista*
Ich hätte gerne eine deutsche Zeitung.	*Queria um jornal alemão.*
Haben Sie auch eine neuere Zeitung?	*Tem também um jornal mais recente?*
Briefmarke	*o selo de correio*
Briefumschlag	*o envelope*
Postkarte	*o postal*
Papier	*o papel*
Kugelschreiber	*a esferográfica*
Buch	*o livro*

In der Bank	***No banco***
Entschuldigen Sie bitte, wo ist hier eine Bank?	*Desculpe, onde há aqui um banco, por favor?*
Wie lange ist die Bank geöffnet?	*Até que horas está o banco aberto?*
Geben Sie mir bitte auch etwas Kleingeld.	*Dê-me também alguns trocos, por favor.*
Bargeld	*o dinheiro efectivo*
Geldautomat	*a caixa automática*
Höchstbetrag	*a quantia máxima*
Kreditkarte	*o cartão de crédito*
Überweisung	*a transferência*
Unterschrift	*a assinatura*

Öffentliche Verkehrsmittel	***Transportes públicos***
Zug	*o comboio*
Bahnhof	*a estação*
Bus	*o autocarro*
Flugzeug	*o avião*
Abflug	*a partida*
Ankunft	*a chegada*
Gepäck	*a bagagem*
Flughafen	*o aeroporto*
Schiff	*o navio*
Hafen	*o porto*
Fähre	*o cacilheiro*

Medizinische Versorgung

Beim Arzt	***No médico***
Arzt	*o médico*
Zahnarzt	*o dentista*
Ich habe …	*Tenho …*
Gibt es hier jemanden, der Deutsch spricht?	*Há aqui alguém que fale alemão?*
Mein Mann/meine Frau ist krank.	*O meu marido/a minha mulher está doente.*
Ich habe mir den Magen verdorben.	*Apanhei uma indigestão.*
Ich habe mich übergeben.	*Vomitei.*
Ich bin stark erkältet.	*Estou muito constipado/constipada.*
Ich bin im … Monat schwanger.	*Estou grávida de … meses.*
Ich habe einen hohen/niedrigen Blutdruck.	*Tenho tensão arterial alta/baixa.*
Hier habe ich Schmerzen.	*Tenho dores aqui.*
Ich habe mich verletzt.	*Feri-me.*
Ich bin gestürzt.	*Caí.*

Mund	*a boca*
Arm	*o braço*
Knöchel	*o tornozelo*
Herz	*o coração*
Zahn	*o dente*
Knie	*o joelho*
Bein	*a perna*
Hand	*a mão*
Auge	*o olho*
Ohr	*o ouvido*
Haut	*a pele*
Fuß	*o pé*
Kopf	*a cabeça*
Rücken	*as costas*

Durchfall	*a diarreia*
Erbrechen	*os vómitos*
Brechreiz	*a náusea*
Husten	*a tosse*
Kopfschmerzen	*as dores de cabeça*
Kreislaufstörungen	*problemas de circulação*
Hexenschuss	*o lumbago*
Sonnenbrand	*a queimadura solar*
Schwindel	*as tonturas*
Heuschnupfen	*a febre dos fenos*
Grippe	*a gripe*

(Wund-)Salbe	*a pomada (para feridas)*
Tablette	*o comprimido*
Schlaftabletten	*os comprimidos para dormir*
Tropfen	*as gotas*
Schmerzmittel	*o remédio contra as dores*
Verbandzeug	*as ligaduras e pensos*
Kohletabletten	*os comprimidos de carvão*

Wo? Wie? Was? – Orientierung

Entschuldigung, wo ist …?	*Desculpe, onde é …?*
Wie kommt man nach …?	*Como se vai para …?*
Wie kommt man am schnellsten zum Bahnhof?	*Qual é a forma mais rápida para chegar à estação?*
Wie kommt man zur Autobahn?	*Como se vai para a auto estrada?*

Geradeaus.	*Em frente.*
Nach rechts.	*À direita.*
Nach links.	*À esquerda.*
Überqueren Sie die Brücke.	*Atravesse a ponte.*
Entschuldigung, ist das die Straße nach …?	*Desculpe, esta estrada vai para …?*

Brücke	*a ponte*
Schloss	*o castelo*
Amphitheater	*o anfiteatro*
Brunnen	*a fonte*
Denkmal	*o monumento*
Fluss	*o rio*
Kirche	*a igreja*
Kathedrale	*a catedral*
Museum	*o museu*
Ruine	*a ruina*
Turm	*a torre*

Unterkunft

Ich suche eine Unterkunft.	*Procuro alojamento.*
Wieviel kostet es?	*Quanto custa?*
Können Sie für mich dort ein Zimmer reservieren?	*Podia-me reservar um quarto lá?*
Ist es weit von hier?	*É longe daqui?*
Wie kommt man dorthin?	*Como se vai para lá?*
Haben Sie ein Einzel-/Doppelzimmer frei?	*Tem um quarto individual/duplo livre?*
Es tut uns leid, aber es ist schon alles voll.	*Lamentamos, mas já está tudo cheio.*
Kann ich mir das Zimmer ansehen?	*Posso ver o quarto?*
Es ist sehr schön.	*É muito bonito.*
Ich nehme es.	*Vou ficar com ele.*
Können Sie ein Kinderbett aufstellen?	*Podia armar uma cama de criança?*
Kann ich Ihnen meine Wertsachen zur Aufbewahrung geben?	*Posso-lhe dar os meus objectos de valor para guardar?*
Waschbecken mit Dusche und WC	*o lavatório com chuveiro e sanita*
Wir reisen morgen ab.	*Partimos amanhã.*
Machen Sie bitte die Rechnung.	*Faça a conta, por favor.*

Wetter

Wie wird das Wetter heute?	*Como vai estar o tempo hoje?*
Es wird warm.	*Vai estar quente.*
heiß	*muito quente*
kalt/kühl	*frio/fresco*
Es ist schwül.	*Está abafado.*
Es ist stürmisch.	*Está tempestuoso.*
Wieviel Grad haben wir?	*Quantos graus estão hoje?*
Bewölkung	*as núvens*
Gewitter/Hitze	*a trovoada/o calor*
Regen/Sonne	*a chuva/o sol*
Wind/Wolke	*o vento/a nuvem*

Zahlen / Números

0	*zero*
1	*um, uma*
2	*dois, duas*
3	*três*
4/5	*quatro/cinco*
6/7	*seis/sete*
8/9	*oito/nove*
10/11	*dez/onze*
12/13	*doze/treze*
14/15	*catorze/quinze*
16/17	*dezaseis/dezasete*
18/19	*dezoito/dezanove*
20/30	*vinte/trinta*
40/50	*quarenta/cinquenta*
60/70	*sessenta/setenta*
80/90	*oitenta/noventa*
100/1000	*cem/mil*

Zeitangaben/Kalender

Wie spät ist es?	*Que horas são?*
Es ist 1 Uhr.	*É uma hora.*
Ungefähr um 11 Uhr.	*Por volta das onze.*
heute	*hoje*
gestern	*ontem*
vorgestern	*anteontem*
morgen	*amanhã*
übermorgen	*depois de amanhã*
vormittags	*antes do almoço, de manhã*
nachmittags	*de tarde*
abends	*à noite*
früh/spät	*cedo/tarde*
Tag	*o dia*
Woche	*a semana*
Monat	*o mês*
Jahr	*o ano*
Montag	*a segunda-feira*
Dienstag	*a terça-feira*
Mittwoch	*a quarta-feira*
Donnerstag	*a quinta-feira*
Freitag	*a sexta-feira*
Samstag	*o sábado*
Sonntag	*o domingo*
Januar/Februar	*janeiro/fevereiro*
März/April	*março/abril*
Mai/Juni	*maio/junho*
Juli/August	*julho/agosto*
September	*setembro*
Oktober	*outubro*
November	*novembro*
Dezember	*dezembro*

Telefonieren, Internet / Telefone, Internet

SIM-Karte	*o cartão SIM*
Haben Sie WLAN?	*Têm Wi-Fi?*
Ich habe kein Signal.	*Nao tenho cobertura.*
WLAN-Passwort	*password Wi-Fi*
Anhang	*o anexo*
ausdrucken	*imprimir*
sich verbinden mit	*conectar-se à*
At-Zeichen (@)	*a arroba* ■

Die **fetten** Seitenzahlen verweisen auf ausführliche Erwähnungen, *kursiv* gesetzte Begriffe bzw. Seitenzahlen beziehen sich auf den Service.

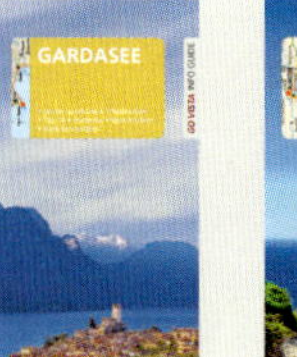

GO VISTA CITY & INFO GUIDES

Reiseführer mit ausfaltbarer Karte und drei Postkarten

- über 120 Titel lieferbar
- alle Highlights der Destination
- Vorschläge für Stadttouren
- Tipps zu Essen und Trinken, Nightlife, Shopping, Kultur, Sport etc.
- Chronik mit Daten zur Geschichte
- reisepraktische Hinweise
- Sprachführer (in ausgewählten Titeln)
- Top 10
- Format 10,5 x 21 cm
- 96 oder 144 Seiten
- zahlreiche Titel auch als App 

VISTA POINT Verlag GmbH
Rolandsecker Weg 30 · 53619 Rheinbreitbach
www.vistapoint.de · info@vistapoint.de
www.facebook.de/vistapoint · www.twitter.com/VPVerlag

Alamy/LusoArchitecture: S. 60
Centro Comercial Bombarda, Porto: S. 21
Cruel Restaurante & Tapas, Porto/Bruno Carvalho: S. 46
Eco Presente, Porto: S. 42 o.
Ralf Johnen, Köln: S. 3 o. Mitte, 14, 19 u., 24 u., 57, 63
iStockphoto/ saiko3p: Schmutztitel (S. 1), S. 2 l., 77; typhoonski: S. 13
Letra, Porto/Patrick Esteve: S. 58
shutterstock/Agnieszka Skalska: S. 55; Allard One: S. 75; Anton Gvozdikov: S. 3 u., 45; bonzodog: S. 83; Carlos Neto: S. 7; dimbar76: S. 32; De Visu: S. 68, 78; Elena Dijour: S. 62; ESB Professional: S. 4/5, 34; F8 studio: S. 2 Mitte, 6 u. l.; Fotokon: S. 36, 61; gary yim: S. 81; Hans Geel: S. 47; Hortimages: S. 59 o.; Javi Az: S. 82; Kiev. Victor: S. 3 o. l., 10, 18, 37, 64, 65, 69; Marc Venema: S. 3 o. r., 19 o., 29; Marco Iacobucci EPP: S. 24 o.; Natali Zakharova: S. 53; Paulo Vilela: S. 48; portumen: S. 84 o.; rfranca: S. 50; Roman Sigaev: S. 26 o.; saiko3p: S. 2 r., 6 o. l., 6 o. r., 9, 12, 26 u., 28, 31, 33; Sean Pavone: S. 39; Sylvie Bouchard: S. 52; TasfotoNL: S. 22, 51, 84 u.; Twocoms: S. 54; Vadim Petrakov: S. 38; vidalgo: S. 70; Vlad G: S. 35; Yasemin Olgunoz Berber: S. 71
© Shiadu/Paulo Carvalho 2017: S. 42 u.
Petra Sparrer, Köln: S. 16, 17, 23, 25, 27, 30, 56, 59 u.
Porto Bridge Climb/Dinis Sottomayor: S. 66
Porto Vintage Guesthouse/Antonio Pedrosa: S. 43
VISTA POINT Verlag (Archiv), Rheinbreitbach: S. 76
Wikipedia (CC-SA BY 2.0)/ho visto nina volare: S. 80; José Goulão: S. 75 o.; (CC BY-SA 2.5)/ Julio Reis: S. 74; (Gemeinfrei)/Teodora Maldonaldo: S. 73; Unbekannter Urheber: S. 72
Workshops Pop Up, Porto: S. 20
Yeatman, Vila Nova de Gaia: S. 41; PauloTavares: S. 49
Zoo Santo Inácio Vila Nova de Gaia: S. 67

Schmutztitel (S. 1): Die historische Tramlinie 1
Seite 2/3 (v. l. n. r.): Barcos Rabelos auf dem Douro; Buchhandlung Livraria Lello; Portos Rathaus; Mosteiro da Serra do Pilar in Vila Nova de Gaia; Museu do Carro Eléctrico; Häuser der Cais de Ribeira; Aussicht von der Ponte Dom Luís I auf Porto (S. 3. u.)
Seite 6/7: Palácio da Bolsa (S. 6 o. l.); Buchhandlung Livraria Lello (S. 6 u. l.); Azulejos im Bahnhof Porto São Bento (S. 6 r.); Casa da Música (S. 7)

2., aktualisierte Auflage 2020

Reihenkonzeption: Andreas Schulz & VISTA POINT-Team
Bildredaktion: Bettina Hamann
Lektorat: Petra Sparrer, 2. Auflage: Kathrin Fäller
Layout und Herstellung: Kerstin Hülsebusch-Pfau
Reproduktionen: Henning Rohm, Köln; Noch & Noch, Datteln
Kartographie: Huber Kartographie GmbH, Unterschleißheim
Druckerei: Colorprint Offset Limited, Unit 2108, 21/F, Hang Seng North Point Building, 339 King's Road, North Point, Hong Kong
VP10XIX

ISBN 978-3-96141-432-1

An unsere Leser!
Die Informationen dieses Buches wurden gewissenhaft recherchiert und von der Verlagsredaktion sorgfältig überprüft. Nichtsdestoweniger sind inhaltliche Fehler nicht immer zu vermeiden. Für diese übernimmt der Verlag keine Haftung. Für Ihre Korrekturen und Ergänzungsvorschläge sind wir dankbar.

VISTA POINT Verlag
Rolandsecker Weg 30 · 53619 Rheinbreitbach
Telefon: +49 (0)2224/7795-0 · Fax: +49 (0)2224/7795-100
info@vistapoint.de · www.vistapoint.de · www.facebook.de/vistapoint 

A
B
C
D
E
F
N
PÓVOA DE VARZIM
Póvoa de Varzim
São Brás
Portas Fronhas
ZONA N3
Alto de Pega
Vila do Conde
Santa Clara
VILA DO CONDE
Azurara
Árvore
Varziela
Espaço Natureza
ZONA N2
Mindelo
VC Fashion Outlet / Modivas
Modivas Centro
Modivas Sul
Vilar do Pinheiro
ZONA N10
Lidador
Pedras Rubras
Aeroporto
Botica
Verdes
Crestins
Esposade
TROFA
ZONA N11
ISMAI
Castêlo da Maia
Mandim
Zona Industrial
Fórum Maia
MAIA